Unsere Rollenspiele

Teilpersönlichkeitsarbeit in der Psychosynthese Theorie und Praxis

von Dr. Margret Rueffler

PsychoPolitical Peace Institut Presse

PsychoPolitical Peace Institut Presse,
Gehrenhof CH-8712 Stäfa, Switzerland

Printed in Germany
Erste Auflage Dezember 1995
Zweite Auflage Januar 1998

ISBN 3-9521260-1-2
Dieses Buch ist auf chlorfrei gebleichtem Papier gedruckt.

INHALT

VORWORT

Was ist Psychosynthese? Woher stammt dieser Ausdruck und was bedeutet er? Sehr berechtigte Fragen. Bevor ich sie zu beantworten versuche, möchte ich der „Psychosynthese“, als einer Form der Erfahrenspsychologie, einen Bezugsrahmen geben: ihre Zuordnung zur „Transpersonalen Psychologie“. Ich höre schon die nächste Frage: „Was ist denn Transpersonale Psychologie?“ Ich schlage vor, den Ursprung der „Transpersonalen Psychologie“ etwas näher anzuschauen, um danach genauer auf die „Psychosynthese“ einzugehen.

Wir sind das, was wir denken.
Alles was wir sind, entsteht durch unsere Gedanken.
Mit unseren Gedanken gestalten wir die Welt.
Buddha (Byrom)

Diese Worte, vor Jahrhunderten von Buddha gesprochen, liegen den Ideen der „Transpersonalen Psychologie“ zugrunde. Das Wort „Transpersonale Psychologie“ wurzelt im Lateinischen und Griechischen: Das griechische Wort „Psychologie“ enthält „Psycho“, Geist, Leben, Seele, Atem - und „Logos“, Wort, Rede, Grund. Die ursprünglichste Bedeutung von „Psychologie“ wäre demnach: Wort des Geistes oder Wort der Seele. „Transpersonal“ setzt sich zusammen aus den lateinischen Worten „trans“, in der Bedeutung von hindurch, darüber hinaus, und „persona“, was mit „Maske“ übersetzt werden kann. Die wahre Bedeutung von „Transpersonaler Psychologie“ läßt sich somit verstehen als „Wort der Seele durch die Maske hindurch“.

Das Ziel transpersonaler Psychologie ist es nicht, eine neue Form der Psychologie anstelle der alten zu entwickeln, sondern die bereits bestehende auszuweiten und bisher nicht beachtete Perspektiven weiter zu entwickeln. Das Individuum, das den transpersonalen Weg wählt, begibt sich auf einen Entdeckungspfad. Dieser Pfad wird unausweichlich einer von vielen sein, die zur inneren Quelle der Weisheit führen. (Clark, 1974)

„Transpersonale Psychologie“ könnte auch als spirituelle Psychologie bezeichnet werden. Grof beschreibt Spiritualität folgendermaßen:

> *„Spiritualität hat nichts mit äusserer religiöser Programmierung gemeinsam. Die Spiritualität taucht auf, wenn eine Person sich mit bestimmten Gebieten seines oder ihres Bewusstseins verbindet. Ein Individuum bekommt einen Einblick, was es heisst, die übliche psychologische Fragmentierung zu überwinden und einen Zustand des Eins-Seins mit dem Anderen, der Natur, dem ganzen Kosmos und Gott zu sein.“* (Grof, 1987)

„Transpersonale Psychologie“ verfolgt eine spirituelle Ausrichtung, eine Erweiterung des Bewusstseins bis hin zum Ganz- und Eins-Sein.

Wie hat sich diese psychologische Richtung aufgebaut, wie ist ihre Entstehungsgeschichte und der Fortgang ihrer Entwicklung? Die „Transpersonale Psychologie“ baut auf der traditionellen Psychologie auf. Eines ihrer Hauptziele ist es, die spirituelle Dimension der menschlichen Psyche ins Bewusstsein zu bringen, erfahrbar zu machen und zu integrieren. Das Bedürfnis, diese Dimension genauer zu erforschen, wurde in den sechziger Jahren geweckt durch Experimente mit bewusstseinserweiternden Drogen und Erfahrungen mit verschiedenen Bewusstseinsstadien in der Meditation. Die transpersonalen Psychologen entwickelten ein Interesse an der Verbindung von Praktiken östlicher

Bewusstseinsdisziplinen und westlichen empirischen Forschungsmethoden (Walsh&Vaughan, 1980).

Dabei wurde deutlich, dass das westliche Modell der menschlichen Psyche nicht ausreichte, um dieses breite Spektrum neu wahrgenommener Phänomene auszuleuchten. Heute wird „Transpersonale Psychologie" so verstanden:

> *„... sie bietet ein ganzes Spektrum als Modell der Entwicklung von Bewusstsein, das psychologische und spirituelle Disziplinen überbrückt. Sie (die „Transpersonale Psychologie") ist besonders interessant für Menschen, die psychologisch gesund werden und spirituell wachsen wollen."* (Vaughan, 1988)

„Transpersonale Psychologie" basiert auf den Grundlagen der traditionellen Psychologie und öffnet zusätzlich andere und tiefere Bewusstseinsdimensionen. 1910 begann der Italiener Roberto Assagioli (1888-1976) die Psychosynthese, einen transpersonalen psychologischen Ansatz zu entwickeln. Seine ersten Abhandlungen darüber datieren von 1906, einer Zeit vor dem Abschluß seines Doktortitels, den er mit zweiundzwanzig Jahren erhielt. Als ausgebildeter Mediziner erwarb Assagioli anschließend in Zürich seinen Facharzt in Psychiatrie. Er korrespondierte mit Freud und erlernte die Psychoanalyse, um sie dann als Erster in Italien einzuführen. Er unterhielt über viele Jahre eine nahe Verbindung mit Jung (Keen, 1974), und es verband ihn eine tiefe Freundschaft mit Maslow, dessen Büchlein „Das kreative Verhalten" von der Psychosynthesis Research Foundation verlegt wurde. Assagioli brachte in die von ihm entwickelte Psychosynthese (Assagioli, 1965) einen spirituellen Ansatz hinein. Er entwickelte Richtlinien zur Schulung von transpersonalen Ansätzen, die erweiterte Bewusstseinszustände miteinschlossen. Als Vater der Psychosynthese war Assagioli international tätig, legte zwei Bücher

Assagioli (1965) bezeichnet sein Modell als "... eine grobe, fast anatomische Wiedergabe unserer inneren Konstitution".

Er teilt das Unbewußte der menschlichen Psyche in drei Gebiete ein:

1. Das Höhere Unbewußte oder Überbewußte
2. Das Mittlere Unbewußte
3. Das Untere Unbewußte oder einfach Unbewusste

Diese drei Gebiete haben unterschiedliche Inhalte und sind gleichzeitig miteinander verwoben.

„Alle Linien sind gestrichelt, um darauf hinzuweisen, daß ein kontinuierlicher Austausch von Elementen und Energien ... stattfindet." (Assagioli, 1974)

Das Höhere Unbewußte oder Überbewußte ist der Bereich unserer höherentwickelten Impulse, wie altruistische Liebe, humanitäre Handlungen, künstlerisches und spirituelles Verständnis und die Suche nach Sinn und Bedeutung des Lebens. Die Energien in diesem Bereich können erschlossen und dem Einzelnen zur Verfügung gestellt werden. Erfahrungen des Höheren Unbewußten sind Augenblicke der Erweiterung des normalen Bewußtseins; Gipfelerlebnisse, die das Individuum in Berührung mit der tieferen Bedeutung des Lebenssinns und mit dem Universum bringen können.

Das Untere Unbewußte wird in den meisten traditionellen psychologischen Ansätzen oft als „das Unbewußte" verstanden. Sein Inhalt kann ähnlich wie beim Höheren Unbewußten dem Wahrnehmen erschlossen werden. Es enthält unsere fundamentalen Triebe, unsere entwicklungsbedingten Traumata und unbewußten Konditionierungen durch das Familiensystem, ebenso wie ethnische und soziale Muster und unser psychologisches Erbe.

Der Inhalt des Mittleren Unbewußten liegt nah an unserem Bewußtsein. Er kann ins Bewußtsein auftauchen und sich ihm wieder entziehen. Das Mittlere Unbewußte liegt außerhalb unserer unmittelbaren Wahrnehmung, kann jedoch leicht zugänglich gemacht werden, beispielsweise die Erinnerung an den letzten Urlaub oder den Geburtstag einer Freundin können mühelos hervorgerufen werden.

Das persönliche „Selbst" ist das Essentielle einer Person. Es kann mit einem energetischen Wirbel (Vortex) verglichen werden, der die Persönlichkeit, das heißt ihre verschiedenen Komponenten und Charakterzüge, durch seine spirituelle Anziehungskraft zusammenhält. Es sind zwei Funktionen des „Selbst" zu erkennen, eine empfangende Funktion: das Wahrnehmen, die Fähigkeit Zeuge zu sein, etwas zu beobachten; und eine dynamische, expressive Funktion, die als Wille oder Lebensenergie auf die Inhalte des Wahrnehmens Einfluß nehmen und wählen kann. Sie kann sich mit Bewußtseinsinhalten identifizieren oder davon Abstand nehmen und beobachten.

Assagioli sah im „Transpersonalen Selbst" eine tiefere und umfassende Quelle der Identität, etwas, das sich durch und über die individuelle Psyche hinaus erstreckt. In seinem eiförmigen Diagramm zeichnete er diese Identitätsquelle an das obere Ende, in den Bereich des Überbewußten, das der individuellen Psyche zugängig ist und sie gleichzeitig transzendiert.

> *„Die eigentliche Natur des 'Selbst' ist universell transzendent, immanent und einzigartig. Transzendenz und Immanenz sind verschieden von allen anderen Vorstellungen über Materie, Energie, Raum und Zeit. Ob materiell, biologisch oder spirituell. Transzendenz ist immanent, das heißt, stets gegenwärtig und aktiv engagiert in Inhalt und Prozeß."* Firman (1991)

Maslow (1954), Jung (1954) und Assagioli (1973) nannten diese transpersonale Quelle, die uns Zugang zu Weisheit und Erfüllung des menschlichen Potentials gibt, das „Selbst". Sie erkannten es als die essentielle Natur des Menschen und sein angeborenes Potential zu unbegrenzter Entwicklung. Demnach ist die Grundlage der menschlichen Existenz eine angeborene Tendenz, nach Sinn und Bedeutung des Lebens zu suchen, um sich selbst zu verwirklichen.

In verschiedenen östlichen meditativen Ansätzen, dem japanischen Zen, dem tibetischen Dzogchen oder dem buddhistischen Vipassana liegt die Betonung auf „dem Erleben, ein 'Selbst' zu sein, als einem Gefühl des Seins und der Fortdauer der Existenz" (Wilber, Engler, Brown 1986). In den östlichen Philosophien und Psychologien ist das Konzept eines „Selbst" oder die Erfahrung eines „Selbst" das Ziel der Meditation. Für Sogyal Rinpoche (1992) ist die Unwissenheit und Verdrängung dessen, was wir wirklich sind durch unsere moderne Gesellschaft, sehr beunruhigend. Daß Konzepte des „Selbst" in der westlichen Welt unterdrückt werden oder nicht vorhanden sind, scheint ernsthafte psychologische Unausgewogenheiten zu verursachen.

Während jahrelanger Arbeit mit Assagiolis Modell des Bewußtseins und den praktischen Erfahrungen mit seinen Grundgedanken ist die Theorie weiterentwickelt worden (Anhang, Seite 163, Auch Du bist ein „Selbst" von der Autorin, beschreibt das weiterentwickelte Modell des menschlichen Bewusstseins). Die wichtigste Veränderung ist, daß das „Transpersonale Selbst" nicht nur im Höheren Unbewußten oder Überbewußten vorhanden ist, sondern alle Ebenen der Persönlichkeit, also auch das Mittlere und Untere Unbewußte und das Feld des Bewußtseins durchdringt, bis ins Kollektive Unbewußte hinein (Firman, Russell, 1994). Assagiolis „Selbst" enthält somit auch das alles durchdringende „Transpersonale Selbst". Dies bedeutet eine grundlegende Veränderung im Heilungsprozeß. Die Tendenz, die Qualitäten des

Höheren Unbewußten zu erstreben, wird auf die Mitte des Modell-Eis verlagert. Diese Veränderung bedeutet auch, daß persönliches Wachstum nicht eine Bewegung der Mitte, des „Selbst" nach oben, d.h. ins Obere Unbewußte oder Überbewußte hin ist, sondern ein Wahrnehmen und Bewußtwerden des „Oberen und Unteren" beinhaltet. Durch eine dauerhafte Beziehung zum „Selbst" können die individuellen menschlichen Erfahrungen, die Höhen und Tiefen der Psyche, integriert werden. Als Folge davon erweitert sich das individuelle menschliche Bewusstsein. Durch diesen Wachstums- und Heilungsprozess entfaltet sich das persönliche Potential und findet seinen Ausdruck.

Wenn das „Selbst" als Mitte, als alles durchdringender Fokus der Persönlichkeit wahrgenommen wird, bedeutet das auch, daß es immanent, überall und zu jeder Zeit gegenwärtig ist und gleichzeitig die Persönlichkeit transzendiert. Das „Selbst" durchdringt und durchsetzt alle Ebenen des menschlichen Bewußtseins: Das Obere oder Überbewusste, Untere, Mittlere Unbewußte und das Feld des Bewußtseins, bis über die Grenzen des Persönlichen ins Kollektive hinein. Aus dieser Perspektive heraus entfällt eine Bewertung der verschiedenen Ebenen des Bewusstseins. Was bleibt, ist der Prozeß der individuellen Erfahrung, die Selbstverwirklichung, als mögliches Ziel des individuellen Wachstums zu sehen.

Um diesen Prozeß zu ermöglichen, bedarf es einer Kraft oder Energie, die Assagioli den Willen nennt. Diese, mit dem „Selbst" verbundene Energie, die sich durch die Persönlichkeit ausdrücken will, nenne ich Lebensenergie. Sie hat viele Ausdrucksformen. Auf der mentalen Ebene kann sie „Wille", auf der emotionalen Ebene „Gefühle" genannt werden, auf der körperlichen Ebene drückt sie sich durch Handlung aus. Der Prozeß der Selbstverwirklichung wäre ohne diese Lebensenergie mit ihrem Ausdruck auf allen Ebenen nicht möglich.

Ich sehe Assagiolis Psychosynthese als den Samen, aus dem nach Jahren des Anwendens und der Erfahrung etwas für mich

Eigenes gewachsen ist. Psychosynthese als eine Form transpersonaler Psychologie, mit ihrem Prinzip des „Selbst“ und des menschlichen Bewusstseins, ihrer Willensschulung und Teilpersönlichkeitstheorie, bleibt ein offenes System, in dem ganz verschiedene Techniken angewandt werden können. Die oben genannten Prinzipien sind als spirituelle Rahmenbedingung oder auch Basis zu verstehen, von der aus unterschiedliche Methoden anwendbar sind.

Im Rahmen der Psychosynthese Prinzipien können verschiedene therapeutische Ansätze angewandt werden: Maltherapie, Kunsttherapie, Körperarbeit, Bewegungstherapie, kognitive und analytische Ansätze, Tanztherapie, Gestalttherapie und vieles mehr.

Assagioli spricht von einer persönlichen und einer transpersonalen Psychosynthese: Die persönliche Psychosynthese beinhaltet die Bearbeitung von und Auseinandersetzung mit Kindheitstraumata als persönliches Wachstum. Sie findet ununterbrochen in unserem täglichen Leben statt. Alte Wunden können heilen, und unsere Lebensqualität ändert sich dadurch. Eine transpersonale oder spirituelle Psychosynthese bezieht die transpersonale Dimension mit ein. In der Regel finden die persönliche und transpersonale Psychosynthese gleichzeitig statt. Beide beinhalten qualitative Veränderungen im Leben eines Menschen. Die persönliche Psychosynthese führt weg vom Überlebenskampf, hin zum Erkennen des Selbst. Die transpersonale Psychosynthese verfeinert die individuelle Lebensqualität, indem sie Liebe und Kreativität durch das „Selbst“, in Verbindung mit einem größeren Ganzen, im täglichen Leben ausdrücken will.

Seit Assagiolis Tod ist die Psychosynthese auf unterschiedliche Art weiterentwickelt worden. Das vorliegende Buch ist der Weiterentwicklung von Assagiolis Teilpersönlichkeitsarbeit gewidmet.

EINFÜHRUNG

Ich begegnete 1982 zum ersten Mal bewußt einer meiner Teilpersönlichkeiten, dem häßlichen Zwerg, in Santa Fe, New Mexico, USA. Molly Brown, eine von Assagioli ausgebildete Psychosynthesetherapeutin, wohnte zu der Zeit in Los Alamos, New Mexico, USA. Sie gab eine Einführung in die Psychosynthese. Es war ein mir unvergessliches Erlebnis. Ich kann mich nicht mehr an den genauen Wortlaut von Mollys Übung erinnern, sehe jedoch das Resultat genauestens im Detail vor mir. Vor meinen inneren Augen sah ich einen verkrüppelten, häßlichen Zwerg, der mir auf die Frage „Was willst Du von mir?" antwortete: „Ich will Dich umbringen!". Ich war schockiert, mit diesem Teil in mir, den ich bisher nur erahnt hatte, so deutlich konfrontiert zu werden. Dies war der Anfang meines Eintauchens in die Arbeit mit Teilpersönlichkeiten und Roberto Assagiolis Psychosynthese. In meiner eigenen Therapie, als Psychotherapeutin und Gruppenbegleiterin habe ich mich intensiv mit den Teilpersönlichkeiten beschäftigt, sie kennengelernt, akzeptieren und transformieren gelernt.

Das vorliegende Buch ist ein Versuch mitzuteilen, wo ich heute in dieser Arbeit stehe. Um mit Teilpersönlichkeiten umzugehen, ist es unumgänglich, einen transpersonalen Bezugsrahmen zu setzen. Alle im Buch enthaltenen Übungen, praktischen Beispiele und theoretischen Ausführungen sind auf der Grundlage von Roberto Assagiolis Psychosynthesemodell des menschlichen Bewußtseins aufgebaut (Schulung des Willens, 1989; Psychosynthese, 1988). Dieses Modell setzt die Existenz eines „Selbst" und „Transpersonalen Selbst" mit der Funktion eines Beobachters voraus. Die Teilpersönlichkeiten als Ausdruck des „Selbst" in dieser Welt, können von diesem Beobachter beeinflußt werden. Das erfordert, eine bewußte, willentliche Disidentifikation von und auch Identifikation mit unseren Teilpersönlichkeiten zu lernen. Das heißt, zu lernen, die Verantwortung für eine bewußte Wahl zu übernehmen und unsere Lebensenergie in eine neue Richtung zu lenken.

Dieser transpersonale Rahmen, der das „Selbst" und „Transpersonale Selbst" in jedem Menschen als gegeben voraussetzt, läßt sich auf den individuellen Wachstumsprozeß ausdehnen. So verstanden ist die Arbeit mit Teilpersönlichkeiten ein Prozeß allmählicher Bewußtwerdung, Akzeptanz und Transformation von Persönlichkeitsteilen in uns, die durch die Entfaltung unseres Potentials Wachstum ermöglichen. Probleme, die wir beispielsweise zu haben glauben, können als Chancen für inneres und äußeres Wachstum gesehen werden. An ihnen zu arbeiten heißt dann, mit dem uns innewohnenden Potential zu kooperieren. Dies verändert die Perspektive des eigenen Leidens drastisch und erlaubt eine positivere Einstellung.

Im vorliegenden Buch wird der Versuch unternommen, Theorie und Praxis organisch miteinander zu verbinden. Im ersten Teil dieses Buches wird eine Einführung in die Theorie der Teilpersönlichkeitsarbeit mit ihren multidimensionalen Perspektiven und vielfältigen Anwendungsmöglichkeiten gegeben: von der theoretischen Beschreibung einer Teilpersönlichkeit, ihrem Ursprung und ihrer Geburt, der Ausdrucksform einer Teilpersönlichkeit und ihren möglichen Verwandlungsstufen, bis hin zu der Frage: „Weshalb Teilpersönlichkeitsarbeit?" und Anleitungen zu dieser Arbeit.

Im darauffolgenden Teil werden verschiedene Visualisierungsübungen vorgestellt, die uns mit Teilpersönlichkeiten, wie sie sich in unserem täglichen Leben ausdrücken, vertraut machen. Diese Übungen beinhalten Visualisieren, Zeichnen, Bewegung und das Vertrautwerden mit dem „Inneren Weisen Wesen". Zur Vertiefung wird im nächsten Abschnitt der Dialog mit Teilpersönlichkeiten vorgestellt. Die dort gestellten Fragen machen uns direkt mit den uns innewohnenden Teilen bekannt. Sie helfen uns, ver-rückte

Qualitäten zu erkennen und unerwünschte Qualitäten und Persönlichkeitsstrukturen zu akzeptieren. Die Übungen werden durch Beispiele aus meiner Praxis und meinen Seminaren ergänzt.

Zur Vertiefung der Teilpersönlichkeitsarbeit lernen wir Übungen kennen, die uns zum Ursprung der Entstehung von psychodynamischen Strukturen in der Kindheit führen, den positiv und negativ einschneidenden Erlebnissen und Einflüßen von Bezugspersonen und der Umwelt, aus denen Teilpersönlichkeiten entstehen. Diese mitunter traumatischen Erlebnisse in den unterschiedlichen Entwicklungsstufen bilden oftmals die Grundstrukturen von Teilpersönlichkeiten. Ziel ist es, ihre Symptome und Ursprünge zu erkennen und Techniken zur eigenen Heilung dieser Tiefenstrukturen zu entwickeln. Dazu gibt dieses Buch Beispiele von Methoden und Techniken zum Heilen des „Inneren Kindes“ und zur Freisetzung des kreativen Potentials.

Darauf aufbauend wird die Teilpersönlichkeitsarbeit in einer weiteren und tieferen Dimension vorgestellt. Das emotionale Archiv einer Person enthält emotionale Zusammenhänge, die weit über das Persönliche hinausführen. Diese Zusammenhänge werden mit der Teilpersönlichkeitsarbeit sichtbar und ihre Auswirkungen im täglichen Leben können transformiert werden. In der Verbindung mit unserem individuellen psychologischem Erbe und unserem Kollektivtrauma kann eine Technik der Transformation entwickelt werden. Wenn wir die Teilpersönlichkeit als psychodynamische Struktur unserer Psyche aus einer transpersonalen Perspektive betrachten, kann individuelles Wachstum auch als Teil der menschlichen Evolution akzeptiert werden. Dies lädt ein, sich mit Sinn und Zweck des Lebens neu auseinanderzusetzen.

WAS IST EINE TEILPERSÖNLICHKEIT?

ASPEKTE UND PERSPEKTIVEN

Bevor ich vorstelle, was in der gegenwärtigen psychologischen Literatur über Teilpersönlichkeiten gesagt wird, möchte ich den Unterschied erläutern zwischen psychodynamischer Struktur und Teilpersönlichkeiten. Eine psychodynamische Struktur ist etwas Lebendiges, Energiegeladenes in unserer Psyche, das auf alles, was geschieht, reagiert. Es kann ein Charakterzug sein, eine Qualität, die sich durch uns ausdrückt. Diese Struktur kann mehr oder weniger komplex sein, mehr oder weniger flexibel, kann auch erstarrt und kristallisiert sein. Die Summe dieser Strukturen, um das „Selbst“ konstelliert, bildet die Ganzheit und Integrität unserer Persönlichkeit. Diese Strukturen können widersprüchlich oder harmonisch sein.

Psychodyamische Strukturen können Tendenzen sein, die bereits im Mutterleib im Fötus als Matrix angelegt sind und sich durch äußere Einflüsse wie z.B. das Verhalten der Mutter in der Schwangerschaft, Ernährung, Emotionen etc. zu entfalten beginnen. Spätere Einflüsse im Entwicklungsalter verstärken die Strukturen, bis sie durch fortlaufende Affirmationen und Wiederholung stabilisiert werden und ein Muster bilden. Zu *Teilpersönlichkeiten* werden sie, indem sich durch ständige Wiederholung und Bestätigung ein Teil der Persönlichkeit bildet. Das heißt, eine Teilpersönlichkeit ist eine psychodynamische Struktur, die, komplex geworden, eine eigene Existenz fordert. Diese komplexe Struktur besitzt den ihr eigenen Drang, ihre charakteristischen Züge durch die Persönlichkeit auszuleben. Sie bekommt ein Eigenleben und sucht die Erfüllung ihrer Wünsche und Bedürfnisse durch die

Persönlichkeit. Teilpersönlichkeiten sind oft ganz unterschiedlich komplex und verschiedenen Alters. Je älter sie sind, desto verhärteter und kristallisierter sind ihre Strukturen und desto rigider widerstehen sie einer Veränderung.

Auch wenn bisher nur wenige Abhandlungen zur Theorie und Arbeit mit Teilpersönlichkeiten vorliegen, sind die meisten Psychotherapeuten und Psychiater mit diesem Phänomen vertraut. Seit Assagioli seine Theorie der Teilpersönlichkeiten vorstellte, gehört sie in das Konzept und die Arbeit der Psychosynthese. Roberto Assagioli bezog sich in seiner Teilpersönlichkeitsarbeit auf Konzepte von William James (Jean Hardy, 1987).

Wie werden Teilpersönlichkeiten in der gegenwärtigen Literatur beschrieben? John Rowans (1990) Arbeitsdefinition einer Teilpersönlichkeit lautet:

> „*... eine halbpermanente und halbautonome Region der Persönlichkeit, die in der Lage ist, sich wie eine Person zu verhalten.*“

Piero Ferrucci, ein von Roberto Assagioli ausgebildeter italienischer Psychotherapeut, sieht Teilpersönlichkeiten als

> „*psychologische Satelliten, die gleichzeitig mit einer Vielfalt verschiedener Leben in der Gesamtheit unserer Persönlichkeit koexistieren. Jede Teilpersönlichkeit hat einen eigenen Stil und eine eigene Motivation, die sich oft auffallend von anderen unterscheiden.*“ (1982)

Virginia Satir, Familientherapeutin aus Palo Alto, Kalifornien, nennt die Teilpersönlichkeiten „Meine vielen Gesichter“ (1988) und sieht sie als Teile unserer Person, die voneinander abhängig sind und alleine nicht existieren können.

Janette Rainwater, eine kalifornische Psychologin, ebenfalls von Assagioli ausgebildet, beschreibt Teilpersönlichkeiten wie folgt:

> *„Jede Teilpersönlichkeit organisiert sich um ein Bedürfnis der Gesamtpersönlichkeit. Die Kraft jedes Bedürfnisses und der daraus resultierenden Teilpersönlichkeit ist wahrscheinlich den Umständen zuzuschreiben, aus denen das Bedürfnis anfangs geboren wurde. Jeder Mensch hat eine mannigfaltige Mischung von sehr individuellen Teilpersönlichkeiten.“* (1979)

Teilpersönlichkeiten dienen als Instrumente des Ausdrucks der Persönlichkeit in der Welt und als eine Linse, durch die Realität wahrgenommen, gelebt und erlebt wird.

Als energiegeladene psychodynamische Strukturen suchen sie ihre Erfüllung, z.B. ihre Ausdrucksform von der inneren in die äußere Welt. Ein Mensch kann sich völlig unbewußt darüber sein, welche Teilpersönlichkeit sein Leben dominiert. Wahrzunehmen, wie sich diese Teilpersönlichkeiten ausdrücken, bietet einen Zugang zur Psyche einer Person und kann verdeutlichen, mit welchen psychodynamischen Strukturen sich die Person identifiziert. Die in den Ausdruck drängenden Teilpersönlichkeiten verkörpern unsere inneren und äußeren Rollenspiele, die sich wiederum gegenseitig beeinflussen. Wenn sich eine Teilpersönlichkeit verändert, wirkt sich dies auf die Identifikationsstruktur und auf das System der individuellen Psyche als Ganzes aus.

Roberto Assagioli (1965) betont, daß das Erkennen der Funktion von Teilpersönlichkeiten oder psychodynamischen Strukturen ein systematisches Wachstum bieten kann.

„Für jeden Mann und jede Frau, die bewußt leben wollen, ist es unumgänglich, sich der Elemente oder Komponenten ihrer Persönlichkeit sehr bewußt zu sein, ... [dies bedingt] eine Einschätzung und Auswertung, Kenntnis und Kontrolle über sie. “ (1965)

Eine Teilpersönlichkeit, eine psychodynamische energetische Struktur, ein Teil der Persönlichkeit, gibt ihre Qualitäten, Bedürfnisse und Anliegen durch mentale und emotionale Muster der Person zu erkennen. In verschiedenen Situationen drücken sich unterschiedliche psychodynamische Strukturen unserer Persönlichkeit aus, d.h. verschiedene Umstände und Situationen lösen unterschiedliche Reaktionen unserer Teilpersönlichkeiten aus.

GEBURT EINER TEILPERSÖNLICHKEIT

Erforscht man den Ursprung der Teilpersönlichkeiten im psychologischen Kontext einer Persönlichkeit, zeigen ihre Strukturen einen engen Zusammenhang mit dem psychologischen Umfeld und mit unbewältigter bzw. unvollständig abgeschlossener Kindheitsentwicklung.

Gretchen Sliker (1992) schreibt die Entwicklung von Teilpersönlichkeiten den ersten Monaten der Kindheit zu. Im Alter von ein oder zwei Jahren haben sich bereits psychologische Strukturen gebildet, die sich als charakteristische Verhaltensweisen, verbunden mit bestimmten Bedürfnissen und Wünschen, äußern. Teilpersönlichkeiten werden im Verlaufe des Lebens immer vielschichtiger, abhängig von Erfahrungen und dem Erinnerungsvermögen.

Chris Meriam, Psychosynthesetherapeut im Staate Washington, verbindet den Ursprung der Teilpersönlichkeiten mit der frühen Kindheitsentwicklung und der Unfähigkeit, eine „Objekt-Konstanz" zu integrieren. Er untersucht detailliert die Abtrennung der positiven und negativen Qualitäten von Teilpersönlichkeiten und kommt zu dem Schluß, daß möglicherweise jede Teilpersönlichkeit aus einem Kindheitstrauma hervorgegangen ist: Daß jeder von uns in der Kindheit verwundet worden ist (Meriam, 1994).

Ich möchte bei meiner Betrachtung von Ursprung und Geburt einer Teilpersönlichkeit noch etwas weitergehen. Oftmals sind die Teilpersönlichkeiten, die sich in jungen Menschen aufbauen, ein psychologisches Erbe. Ihr Ursprung kann bis hin zu den Eltern und Großeltern zurückverfolgt werden. Gleiche Verhaltensmuster können oftmals auch im kulturellen Erbe erkannt werden und scheinen über Jahrhunderte in Kultur und Religion vorhanden zu sein. Sie werden unbewußt durch die Mutter bereits in utero an das Kind weitergegeben.

Diese psychodynamischen Strukturen, die latent schon im Fötus und im Neugeborenen vorhanden sind, werden durch einschneidende Erfahrungen mit der Umwelt und mit Bezugspersonen verstärkt. Dies ereignet sich schon in frühen Entwicklungsphasen und strukturiert sich bis zur Phase der Objekt-Konstanz im Alter von zweiundzwanzig bis dreissig Monaten (Mahler, 1972), wenn sich verinnerlichte Bilder der äußeren Welt verfestigen und klarer herausbilden.

Die im Kinde verinnerlichten Verhaltensweisen der Eltern, Bezugspersonen und der Umwelt und die Reaktionen des Kindes darauf bilden und verstärken diese psychodynamischen Strukturen. Wenn aus diesen Verhaltensweisen ein inneres Bild entsteht, in der Phase der Objekt-Konstanz, könnte dies als Beginn einer Teilpersönlichkeit anzusehen sein. Eine Teilpersönlichkeit kristallisiert sich durch ständiges Wiederholen angelernter Reaktionen, d.h. jede Wiederholung verstärkt die vorhandene Struktur. Dies gilt gleichermaßen für negative und positive Qualitäten und Charakteristika einer Teilpersönlichkeit, als entsprechende Reaktion des Kindes auf Einflüsse, Ereignisse in der Umwelt und das Verhalten der Bezugspersonen. Diese embryonalen Teilpersönlichkeiten sind unter Umständen überlebensnotwendig, als Schutz der sich bildenden Persönlichkeit und entwickeln sich aus der Notwendigkeit heraus, sich einem Umfeld anzupassen. Werden sie als Teile der Persönlichkeit erkennbar, ist die Geburt der Teilpersönlichkeit, die ihre eigenen Wünsche und Bedürfnisse verwirklichen will, erfolgt. Es ist, als hätten sich einzelne Charakterzüge verstärkt, mit anderen verbunden und ein Eigenleben gewonnen, mit eigenem Willen und eigenen Zielen. Dies kann zum Konflikt mit anderen Teilen der Persönlichkeit führen, da die Teilpersönlichkeit jetzt nach Ausdruck und Verwirklichung ihrer destruktiven oder konstruktiven Qualitäten drängt. Ein derartiger Prozeß läuft oft unbewußt ab und äußert sich mitunter in Formulierungen wie: „Ich wollte dies doch nicht tun, aber jetzt habe ich es doch wieder getan!".

Ebenso wie sich Teilpersönlichkeitsstrukturen im Laufe des Lebens durch ständige Wiederholung aufbauen und immer mehr verfestigen, können sie auch wieder abgebaut und verwandelt werden.

WIE ERKENNE ICH EINE TEILPERSÖNLICHKEIT?

Wie drücken sich unsere Teilpersönlichkeiten aus? Sie verschaffen sich über den Körper, die Emotionen und Gedankenstrukturen des Individuums Stimme und Ausdruck. Äußere Umstände, Bedingungen und Umfeld veranlassen verschiedene Komponenten der Psyche darauf zu reagieren. Dies kann blitzschnell geschehen und läuft meist unbewußt ab. Die Rolle, die eine Person spielt, wird durch entsprechende Umstände hervorgerufen. Ähnlich wie im Theater genügt ein Stichwort und schon läuft die Rolle wie von selbst. Wer von uns kennt das nicht, daß der/die BeziehungspartnerIn einen bestimmten Satz in einem bestimmten Ton sagt und somit die Szene für das schon lange bekannte Spiel bereitet wird. Auch wenn das Spiel schon mehr als bekannt ist, fehlen oft Wege und Methoden, um ein neues Manuskript zu schreiben.

Das Spiel nach alten eingeübten Mustern läuft im Büro, privat und natürlich auch in unserem Inneren ab. Der innere Kampf zwischen der Stimme, die sagt „Ja, das ist gut, wage es!“ und der anderen, die sagt „Du wirst es nie können!“ ist den meisten bekannt. Eine Teilpersönlichkeit auszuleben kann bedeuten, daß wir uns in einer bestimmten Lebenssituation auf unerwünschte Art und Weise verhalten, jedoch unfähig sind, dieses Verhalten zu verändern. Das führt dann oft zu einem inneren Kampf zwischen zwei gegensätzlichen Stimmen, die sich gegenseitig von der Richtigkeit ihres Verhaltens überzeugen wollen. Kreativität und Lebensenergie verfangen sich im inneren Konflikt und werden von diesem aufgebraucht. Für kreative Handlung bleibt kaum Energie. Der Körper ist erschöpft und schmerzt, die Gedanken kreisen und die Gefühle sind zerrissen. Die Teilpersönlichkeiten suchen die Erfüllung ihres Lebenszweckes. Es entspricht ihrer Natur, ihr Ziel erreichen zu wollen, auch ohne unser Wissen und Bewußtsein. Sie sind im Körper in unseren Emotionen und Gedanken lebendig. Jedem Rollenspiel entsprechen eine bestimmte Körperhaltung, Körperbefinden, Emotionen, Gefühle und Gedankengänge, die sich mit dem Rollenspiel verändern. Solche Körperempfindungen können als Druck auf den Schultern oder in der Herzgegend empfunden werden, als ein Zusammenziehen in der Bauchgegend, als Unwohlsein oder auch als ein sich ausdehnendes Wohlbefinden. Körperhaltung und Körpergefühle werden von entsprechenden emotionalen Zuständen begleitet, zum Beispiel von Trauer oder Freude, Depression oder „High“ Sein. Die mit bestimmten Gedankenmustern verbundenen Rollen wiederholen sich. Da Gedankenmuster, Emotionen, Körperhaltung und Körpergefühle eng miteinander verbunden sind, kann eine spezifische Körperhaltung bestimmte Empfindungen, Emotionen und Gedanken hervorrufen. Spezifische Emotionen wiederum rufen bestimmte Gedankengänge, eine bestimmte Körperhaltung und Körperempfindungen hervor, ebenso wie an bestimmte Gedankenmuster entsprechende Emotionen, Körperhaltungen und Körperempfindungen gebunden sind.

Dies ist so zu verstehen, daß die psychodynamischen Strukturen unserer Psyche, die in der Vergangenheit entstanden sind, sich hier und jetzt bemerkbar machen durch den Körper, die Emotionen und Gedankenstrukturen. Kindheitstraumata als Ursprung verschiedener Teilpersönlichkeiten liegen nicht nur in der Vergangenheit. Sie sind vielmehr in der Gegenwart zugänglich, da sie im Körper abgelagert sind, verbunden mit Emotionen und Gedankenmustern. Sie können durch die Arbeit mit dem Körper, mit Emotionen, Bildern und durch Transformationen der Gedankenstrukturen verändert werden.

Eine über viele Jahre hinweg rigide gewordene Teilpersönlichkeit kann nur dann grundlegend verändert werden, wenn ihr Körpermuster, Emotionales und Gedankenmuster gleichzeitig eine Transformation durchlaufen. Deshalb ist eine dreidimensionale

Annäherung über Körper, Emotionen und Gedanken sinnvoll, um die programmierten kristallisierten Muster erweichen zu können.

Teilpersönlichkeiten können sehr unterschiedlicher Natur sein. Die wichtigsten Teile der Persönlichkeit scheinen der „Innere Vater", die „Innere Mutter" und das „Innere Kind" zu bilden, da sie von frühester Kindheit an verinnerlicht worden sind. Weitere Teile können sein der „Innere Scharfrichter", der „Mönch", der „Pragmatiker", der/die „Lebenslustige", der „Mystiker", die „Mystikerin", der „Feigling", der „Hasser", die „Hasserin", der „Angsthase", der „Unterdrücker", die „Unterdrückerin" oder auch die „Wilde Frau", die „Gehorsame", der/die „Angepaßte", der „Rächer", die „Rächerin", der „Genießer", die „Genießerin" etc. Die Liste kann beliebig weitergeführt werden. Diese Teilpersönlichkeiten haben alle etwas gemeinsam: Sie halten in ihrer Struktur einen Teil unserer vitalen Lebensenergie fest. Diese Lebensenergie kann in einem Transformationsprozeß freigesetzt und der eigenen Kreativität zugeführt werden.

VERWANDLUNGSSTUFEN IN DER TEILPERSÖNLICHKEITSARBEIT

Im Verwandlungsprozeß der Teilpersönlichkeitsarbeit wird die psychodynamische Struktur mit ihrem Verhalten und ihren Qualitäten bewußt, indem wir unsere Aufmerksamkeit und den Fokus auf sie lenken. Der auf sie gerichtete Fokus beleuchtet und verstärkt sie. Man wendet sich ihren negativen und positiven Seiten zu. Die in der Struktur gehaltenen negativen und/oder positiven Gefühle können dadurch erlaubt werden. Wenn wir unsere Gefühle akzeptieren lernen, gibt es Raum für andere, neue Gedanken und Gefühle. Dies wird durch liebevolle Zuwendung und Umlernen erreicht. Die Richtung der Veränderung kann bewußt gewählt werden. Affirmationen und Wiederholungen verstärken diesen Prozeß des Umlernens. Ist dies geschehen, können die Teilpersönlichkeiten mit ihrem veränderten Verhalten in die Persönlichkeit reintegriert werden. Der vorherige Fokus auf sie entfällt und sie können wieder ins Unbewußte zurückkehren, wo sie verwandelt weiterleben.

Um die eigenen psychodynamischen Strukturen und Muster grundlegend zu verändern und die darin gefangene Energie zum Ausdruck der persönlichen Kreativität zu befreien, sind bestimmte Stadien der Verwandlung zu durchlaufen:

1. *Erkennen, Bewußtwerden*
2. *Akzeptanz, Annehmen*
3. *Koordination, Transformation*
4. *Integration*
5. *Synthese*

Voraussetzung für diesen Verwandlungsprozeß ist die vorherige Schulung des „Beobachters“ und die Fähigkeit, die eigene Mitte wahrnehmen zu lernen. Dies wird gleichzeitig durch die Arbeit mit den Teilpersönlichkeiten im Umwandlungsprozeß verstärkt.

Das **Erkennen** der eigenen psychologischen Strukturen ist der erste Schritt in der Teilpersönlichkeitsarbeit. Als Voraussetzung dazu ist es notwendig, die Fähigkeit zu entwickeln, sich mit der Mitte, dem Beobachter, zu identifizieren und von einer Teilpersönlichkeit zu disidentifizieren. Um etwas im Leben verändern zu können, muß ich mir der eigenen psychologischen Strukturen und des Verhaltens, das ich verändern möchte, bewußt werden. Das setzt eine intensive Wahrnehmungsfähigkeit voraus, d.h. wenn ich etwas erkennen will, lenke ich meine Aufmerksamkeit darauf. Die Struktur, auf die ich meine gebündelte Aufmerksamkeit lenke, wird sichtbarer. Indem ich meinen Fokus darauf richte, trete ich in Beziehung zu ihr. Dies bewirkt eine Veränderung in meiner Psyche.

Die **Akzeptanz** der psychologischen Strukturen und Muster ist die zweite Stufe in diesem Verwandlungsprozeß. Es ist nicht immer leicht, negative, unbequeme und unangenehme Teile in uns wahrzunehmen, da sie uns erschrecken können. Es verlangt Mut und Stärke, sich ihnen zuzuwenden und sie zu akzeptieren, so wie sie sind, mit ihrer Wut, Angst, Haß und anderen Eigenschaften. Mit anderen Worten: Es braucht wahre Liebe und Mitgefühl, um sich den verdrängten Teilen zuzuwenden. Die oftmals durch frühe Kindheitstraumata entstandenen Strukturen brauchen diese Akzeptanz dringend. Wenn sie ihnen zuteil wird, entfällt ein grosser Teil des inneren Kampfes. Echte Akzeptanz ist ein Akt der Liebe und ein sich liebevolles Zuwenden und Annehmen der eigenen Schwächen und Stärken und kann den inneren Kampf erlösen. Der bewusste Schritt in die Akzeptanz zieht tiefgehende Veränderungen nach sich. Den eigenen negativen Teilen der Persönlichkeit wird mit Mitgefühl und mehr Verständnis begegnet. Akzeptanz bedeutet, sich dem „Selbst“ zuzuwenden und Türen für ein besseres Kennenlernen zu öffnen. Daraus können tiefe Gefühle und Emotionen der Trauer, Wut und Einsamkeit, die in den psychodynamischen Strukturen gestaut sind, erlaubt und erlebt werden.

Wenn nach der Akzeptanz die **Koordination** folgt, beginnt ein Prozeß der geschickten Umschulung alter Glaubensmuster, um die begrenzende Weltsicht der Teilpersönlichkeitsstrukturen verändern und erweitern zu können. In der Koordinationsphase wird das durch Akzeptanz zugänglich gewordene Strukturmuster, im Einverständis mit der Teilpersönlichkeit, in einem ihr angemessenen

Einverständis mit der Teilpersönlichkeit, in einem ihr angemessenen Rhythmus transformiert. Den Rhythmus der Transformation bestimmen Alter, Tiefe und Grad der Strukturverhärtung. Die in den Strukturen der Teilpersönlichkeit enthaltenen Lebensenergien und der Wille, bis jetzt auf Kampf, Rückzug oder Widerstand eingestellt, können befreit und mit dem Lebenswillen und der Ausdruckskraft der Persönlichkeit koordiniert werden. Der Widerstand einer psychodynamischen Struktur in unserer Psyche, meist aus einer Schutzfunktion heraus entstanden, verdient respektvolle Behandlung und Achtung. Diese Schutzfunktion war nämlich lange Zeit überlebensnotwendig. Die Art und Weise jedoch, wie die Teilpersönlichkeit diese Funktion auslebt, indem sie den Fluß der Lebensenergie und Kreativität behindert, bedarf der Veränderung. Da ihre Motivation ursprünglich positiv war, kann sie akzeptiert und anerkannt werden, das heißt, verändern sollte sich die Art und Weise wie diese Schutzfunktion ausgeübt wird, nicht jedoch ihre ursprüngliche Motivation.

Koordinieren und Transformieren heißt auch Handlungen und Interaktionen der Teilpersönlichkeiten untereinander zu verändern. Wenn sich etwas verändert hat und neue Gedanken, Emotionen und Körpergefühle durch zusätzliche Affirmationen verstärkt werden, kann diese Teilpersönlichkeit in die Persönlichkeit zurückintegriert werden.

Integration ist ein „Sich-Finden“ verschiedener Teile von oftmals gegensätzlicher Natur, die ihre Eigenständigkeit behalten, ihre Verhaltensformen und -weisen jedoch geändert haben und harmonisch im Einklang mit dem Wunsch der Persönlichkeit stehen, Kreativität zu leben und umzusetzen.

Synthese kann entstehen, wenn zwei oder mehr gegensätzliche Teilpersönlichkeiten bereit sind, sich zu einem neuen

Ganzen zusammenzuschließen, wobei die Eigenständigkeit der Teile aufgehoben wird. Ihre Qualitäten sind jedoch im neuen Ganzen enthalten, d.h. das neue Ganze enthält die Summe ihrer Qualitäten und ist gleichzeitig mehr als ihre Summe. Dieser Prozeß erfordert eine tiefe Wandlung der Persönlichkeit als Ganzes. Eine Synthese erlaubt dem „Selbst“ und dem „Transpersonalen Selbst“, sich stärker durch die Persönlichkeit und ihre Qualitäten auszudrücken.

Die hier beschriebenen Verwandlungsstufen beinhalten einen Prozeß des persönlichen Wachstums und der Evolution. Es sind Stufen oder Schritte auf dem Weg des inneren Reifens. Das Erkennen ist Grundlage der meisten psychotherapeutischen analytischen Richtungen. Damit geht meist die schmerzliche Erfahrung des Erkannten oder seiner Verdrängung einher. Wenn in der Teilpersönlichkeitsarbeit die Akzeptanz erlernt wird, heisst das, sich bewußt dem Schmerz zuzuwenden und ihn liebevoll zu halten. Die Liebesfähigkeit des Herzens wird hiermit immer wieder beansprucht und kann sich entfalten. Liebe wird vom Erkennen, oft ein mentaler Prozeß, durch die Akzeptanz als Herzensqualität in den eigenen Prozeß eingebracht. Diese Herzensqualität gibt der psychodynamischen Struktur einen sicheren Raum, in dem sie sich entspannen kann.

Die nächste Stufe des Prozesses ist die Koordination und Transformation. Dies wiederum bedarf eines geschulten inneren Beobachters, der im Einverständnis und Rhythmus der psychodynamischen Strukturen Veränderungen bewirken kann. Sollen grundlegende Veränderungen möglich werden, umfassen diese Veränderungsprozesse die Gedankenstrukturen, emotionalen Inhalte und das Körperbewußtsein.

In der Integrationsphase werden die transformierten Teile ihrem wahren Sein und Zweck zugeführt, im Einklang mit der Persönlichkeit zu wirken, das heißt einen Teil wieder dem Ganzen einfügen.

Die Phase der Synthese, eine evolutionäre Stufe, als die Krönung der Verwandlungsstufen, repräsentiert den Wachstumsschritt in ein neues größeres Ganzes.

Von der ersten Verwandlungsstufe, dem Erkennen, zur Akzeptanz scheint es ein sehr einfacher und logischer Schritt zu sein. In der Praxis und Realität ist er nicht leicht und zugleich einer der wichtigsten Schritte. Wenn Akzeptanz vorhanden ist, wird Transformation durch respektvollen und geschickten Umgang mit der psychodynamischen Struktur möglich, daraus erwächst die Integration in einem organischen Prozeß.

In den nachfolgenden Beispielen dieses Buches werde ich jeweils auf die verschiedenen Stadien der Verwandlungsstufen hinweisen. In den verschiedenen Prozessen werden verschiedene Verwandlungsstufen demonstriert.

INDIVIDUELLE PSYCHE ALS SYSTEM

Psychodynamische Strukturen der individuellen Psyche stehen unablässig untereinander und mit der Außenwelt in Verbindung. Sie sind miteinander verwoben und vernetzt. Jede Veränderung und jeder Einfluß auf einen Teil löst im ganzen System der individuellen Psyche einen Welleneffekt aus.

Wenn durch Teilpersönlichkeitsarbeit eine Struktur transformiert wird, wirkt sich dies auf alle anderen Strukturen im System aus: Intensität und Tiefe der Transformation bestimmen den jeweiligen Effekt auf das System. Wird eine psychodynamische Struktur vom Unbewussten ins Bewusstsein gebracht, Fokus darauf gerichtet und die Teilpersönlichkeit transformiert, so paßt sich das System diesen Neuordnungen an.

Das System der individuellen Psyche ist ein lebendiges, sich ununterbrochen wandelndes energetisches Feld, in das die psychodynamischen Strukturen eingebunden sind. Da sie als miteinander verwobene, in der Persönlichkeit eingebettete Teile anzusehen sind, beeinflußt jede Veränderung das ganze Feld der Persönlichkeit und wirkt sich auf das Bewußte und Unbewußte aus. Diese verwobenen Teile haben ein Zentrum, eine Mitte, um die sie sich konstellieren. Diese Mitte nannte Assagioli das „Selbst". Psychodynamische Strukturen sind unterschiedlich stark ausgeprägt und liegen näher oder weiter vom „Selbst", d.h. die Teilpersönlichkeiten können zentral oder peripher gelagert sein. Ihre Position kann sich bei der Arbeit mit ihnen verändern. Das „Selbst" als energetischer Fokus oder Brennpunkt der Psyche wirkt anziehend wie eine Zentripetalkraft auf die Teile. Gleichzeitig drückt sich das „Selbst" durch diese Teile aus: Dazu gehört das Wahrnehmen, Bewußtwerden und willentliche Beeinflussen, d.h. Wählen, durch die psychodynamischen Strukturen Ausdruck und Kreativität zu entfalten. Wenn in der Kindheit ein tiefes Trauma entstand, können davon alle Strukturen schon am Ursprung ihrer Formierung betroffen worden sein. Tom Yeomans (1988) nennt dies einen pansystemischen Effekt. Diese intensiven tiefen Traumata durchsetzen das ganze System der psychodynamischen Strukturen. Sie beinhalten tiefste Verletzungen bis in die Wurzeln der Psyche hinein. Jede Teilpersönlichkeit trägt dann eine Spur dieses Traumas in sich.

Durch bewußtes Wahrnehmen können solche psychodynamischen Strukturen, die einen kreativen Ausdruck individuellen Potentials verhindern, erkannt werden. Ihre oft mit tiefem Schmerz verbundenen Inhalte, Gedankenstrukturen, emotionalen Ladungen und Körpersymptome, die meist über eine lange Phase des Sich-Wiederholens verstärkt und rigide geworden sind, können durchaus wieder abgebaut und flexibel werden. Je flexibler sie werden, desto anpassungsfähiger und durchlässiger kann das „Selbst“ sein Potential in die täglichen Handlungen fließen lassen.

Wenn das „Selbst“ erfahren wird, ändert dies die Wahrnehmung des Inhaltes der Psyche tiefgreifend. Psychologische Muster, Strukturen und ihre Interaktionen können durch bewußte Wahl verändert und transformiert werden, wenn sie erkennbar geworden sind.

Die individuelle Psyche als System psychodynamischer Strukturen, die um den Schwerpunkt des „Selbst“ konstelliert sind, ist zu verstehen als Fokuspunkt, der wiederum in das größere Feld der kollektiven Psyche eingebettet ist. Individuelle und kollektive Psyche sind intim miteinander verwoben. Jede Veränderung einer Teilpersönlichkeit in der individuellen Psyche hat Einfluß auf die Persönlichkeit als Ganzes und gleichzeitig auf das größere Kollektiv, mit dem sie vernetzt ist. Daher verändert jede Transformation eines Teils der individuellen Psyche die ganze Persönlichkeit und beeinflußt gleichzeitig das Kollektiv. Dieser Einfluß kann entsprechend der Entwicklung des individuellen Bewußtseins und der Wahlfähigkeit der Person konstruktiv oder destruktiv genutzt werden. Jede Person beeinflußt bewußt oder unbewußt das Kollektiv und dessen Entwicklung.

WESHALB TEILPERSÖNLICHKEITSARBEIT?

Das vielleicht folgenreichste Ziel der Teilpersönlichkeitsarbeit ist die Ermächtigung des Individuums durch diesen Prozess. Die Prozesse des Bewußtwerdens und Kennenlernens sind erste Schritte zu lernen, Verantwortung für sich selbst zu übernehmen, für die angenehmen ebenso wie für die unangenehmen Teile der eigenen Persönlichkeit. Wer lernt, mit den eigenen Verhaltensmustern umzugehen, findet zu stärkerem Selbstbewußtsein.

Die Methode der Teilpersönlichkeitsarbeit ist vielseitig. Sie ist unterschiedlich anwendbar in der Therapie, z.B. bei der Arbeit mit körperlichen Symptomen, komplexen psychologischen Mustern, Glaubenssätzen etc. Teilpersönlichkeitsarbeit ist liebevolle Zuwendung zu mir selbst und meinen negativen und positiven Qualitäten. Indem ich meine mir unangenehmen Seiten akzeptiere, erlaube ich Zugang zu darin enthaltenen gestauten Energien. Wenn Strukturen sich öffnen und verwandeln, kann Energie fließen und kreativer Tätigkeit zugeleitet werden. Innere Wandlungen werden durch Handlungen und Geschehnisse im Außen umgesetzt.

Teilpersönlichkeitsarbeit als Methode kann verschiedene Tiefenstrukturen in der Persönlichkeit transformieren. Sie kann gezielt angewandt werden auf Ebenen unterschiedlicher Tiefe, um Einfluss auf solche psychodynamischen Strukturen zu nehmen, die der Entfaltung unseres kreativen Potentials und dessen Umsetzung ins tägliche Leben im Wege stehen. In der Teilpersönlichkeitsarbeit werden diese Hindernisse auf dem Wege zur Entfaltung des Potentials mit Achtung als Wachstumschancen verstanden. So gesehen sind psychodynamische Strukturen, aus dem kulturellen, familiären und persönlichen Umfeld heraus gewachsen, Wachstumschancen.

Wenn mit der Teilpersönlichkeitsarbeit psychodynamische Strukturen der heutigen Persönlichkeit transformiert werden sollen, bedarf es im Veränderungsprozeß der einzelnen Strukturen fünf Verwandlungsstufen: Bewußtwerdung, Akzeptanz, Transformation, Integration und Synthese.

Auf einer tieferen Ebene, meist erst zugänglich nach intensiver Arbeit mit den gegenwärtigen psychodynamischen Strukturen der Persönlichkeit, liegen die frühen Entwicklungsstufen der Kindheit bis in die pränatale Phase. Hier beginnt die Zuwendung zum „Inneren Kind". Bewußte Verantwortung zu übernehmen heißt, dem „Inneren Kind" Liebe und Zuwendung zuteil werden zu lassen, um tiefe, alte Kindheitswunden zu heilen. Diese Wunden können pränatal oder in den frühen Entwicklungsstufen entstanden sein.

Die dem „Inneren Kind" zugefügten Wunden, aus denen es bestimmte psychodynamische Strukturen entwickelt hat, wurden vom Verhalten des kindlichen Lebensumfeldes verursacht, zu dem als Bezugspersonen Mutter und Vater gehören. Das Verhalten des Kindes, seine psychodynamischen Strukturen und seine Entwicklung von Teilpersönlichkeiten, werden von den Verhaltensmustern des Umfeldes bestimmt. Auf dieser Ebene kann Teilpersönlichkeitsarbeit vertieft werden, so daß die Muster der verinnerlichten Strukturen der Bezugspersonen, des „Inneren Vaters" und/oder der „Inneren Mutter", erkannt, akzeptiert und transformiert werden.

Diese Arbeit führt oft zu der Erkenntnis, daß viele Verhaltensmuster oder psychodynamischen Strukturen schon seit Generationen vorhanden und tief im kulturellen und kollektiven Verhalten verankert sind.

Intensiv angewandte Teilpersönlichkeitsarbeit kann von der alten, der Vergangenheit zugewandten Richtung, die die Gegenwart bestimmt, in eine neue Richtung führen, in eine andere Zukunft. Wenn auf diese Weise psychodynamische Strukturen der Vergangenheit gelöst worden sind, ist es notwendig, die neuen gegenwärtigen und künftigen Möglichkeiten, die sich mit der verwandelten Struktur auftun, in der Persönlichkeit zu verankern.

Der Transformationsprozeß im Verlauf der Teilpersönlichkeitsarbeit erlöst alte Muster. Die daraus entstehende neue psychodynamische Struktur braucht Raum und Zeit, um in die Persönlichkeit integriert zu werden. Diese neue Struktur eröffnet für die Persönlichkeit die Möglichkeit, in eine neue Richtung zu gehen und ein neues Verhalten zu leben. Zur Unterstützung und Verstärkung dieses Prozesses kann die Teilpersönlichkeitsarbeit weitergeführt werden. Die neue psychodynamische Struktur, oftmals mit neuen, ungewohnten Gedankenstrukturen, Emotionen und Körperempfindungen verbunden, braucht Affirmation und Wiederholung. Wie wirkt sich dieses neue andere Verhalten in mir und auf mein Umfeld aus? Wie kann es das kulturelle und kollektive Verhalten mitbeeinflussen?

Durch Teilpersönlichkeitsarbeit können die persönliche Gegenwart, Vergangenheit und Zukunft verändert werden, mehr noch: Das pychologische Erbe, Muster und psychodynamische Strukturen unserer Eltern, Vorfahren und unserer kulturellen Vergangenheit, einschließlich des nationalen Traumas, können zugänglich gemacht und verwandelt werden. Die Arbeit mit Teilpersönlichkeiten ermöglicht, vererbte Muster der Vorfahren zu erkennen und die Kette des ererbten Verhaltens zu unterbrechen. Sie ist eine Methode, eigenständig Verantwortung für die Richtung und den Rhythmus des eigenen Wachstumsprozesses zu übernehmen.

EMPFEHLUNGEN FÜR DIE TEILPERSÖNLICHKEITSARBEIT

Um die Teilpersönlichkeitsarbeit wirklich konstruktiv anzuwenden, sollte man sich mit Ziel und Zweck einer Therapie auseinandersetzen. In der Psychosynthese ist Ziel einer Therapie, den Klienten zu ermächtigen, das ihm und damit jedem Menschen innewohnende Potential und seine Kreativität zum Fließen und zum Ausdruck zu bringen. Es ist nicht ihr Ziel, alte Tendenzen aufzudecken. Sie werden, wenn sie auf dem Wege auftauchen, bearbeitet. Jedes Hindernis auf dem Wege zur Entfaltung des Potentials ist als Wachstumschance anzusehen: Jede Teilpersönlichkeit mit ihren oftmals widersprüchlichen Qualitäten, jeder Widerstand und Schmerz, Angst, Haß und Leiden können als potentielle Wachstumschance erkannt werden. Es sind weitere Stufen auf dem Weg der eigenen Evolution, um das Potential im täglichen Leben kreativ umzusetzen.

Bei einer solchen Vorgehensweise und Annäherung wird Widerstand als ein natürlicher und notwendiger Schutz der Persönlichkeit angenommen. Im Widerstand einer Teilpersönlichkeit oder einer psychodynamischen Struktur liegt der Schlüssel zu ihrer Transformation und zu eigenem Wachstum. Widerstand wird mit großer Achtung behandelt, da in ihm oft sehr viel Energie gehalten wird. Der Widerstand diente seit Kindheitstagen dazu, sich mit dem täglichen Leben auseinanderzusetzen, ist somit eine Schutzfunktion, deren geleisteter Schutz der Anerkennung bedarf. Auch wenn seine Motivation anzuerkennen ist, steht nun an, die Art und Weise des Schützens, bzw. seine Methode zu verändern und umzuwandeln.

Die Arbeit an unseren persönlichen Strukturen baut auf dem „Modell des menschlichen Bewußtseins“ von Roberto Assagioli auf. In diesem Modell nimmt das „Selbst“, verbunden mit dem

„transpersonalen Selbst", eine zentrale Stellung ein. Die Strukturen der Persönlichkeit werden von diesem „Selbst" oder der Mitte eingebunden, bzw. das „Selbst" drückt sich durch diese Persönlichkeitsstrukturen in seiner Individualität, Einzigartigkeit und Vielfältigkeit in der Welt aus. Dieses „Selbst" und das „Transpersonale Selbst" sind eine Tatsache, die in jedem Menschen vorhanden sind und jeden Teil der Persönlichkeit durchdringt. Sie sind gleichzeitig ein zentraler Fokus, um den herum sich die Persönlichkeitsteile entwickeln und dessen spirituelle Schwerkraft sie in die Persönlichkeit eingebunden hält. Das „Selbst" und das „Transpersonale Selbst" durchdringen und unterliegen dem persönlichen Bewußtsein und dem Unbewußten. Sie sind gleichzeitig mehr als diese und transzendieren beides.

Wenn es dieses „Selbst" in mir gibt, ist es in jedem Menschen vorhanden. Da es zur Grundlage der Teilpersönlichkeitsarbeit gehört, aus einer Haltung der Achtung vor dem „Tiefsten" oder „Innersten" oder „Höchsten" im andern Menschen zu arbeiten, kann von einer transpersonalen Therapie gesprochen werden.

Dieses „Selbst", die Mitte, verfügt über die Funktion eines Beobachters. Der Beobachter besitzt eine empfangende, aufnehmende Qualität. Er kann wahrnehmen, das heißt, die Strukturen der Persönlichkeit erkennen und Einfluß auf sie nehmen. Soll Teilpersönlichkeitsarbeit erfolgreich sein, bedarf es der intensiven Schulung des Beobachters, des **Disidentifizierens** von den Teilpersönlichkeiten und der **Identifikation** mit ihnen.

Der Beobachter besitzt die Fähigkeit, sich mit den Persönlichkeitsstrukturen zu **identifizieren** und zu **disidentifizieren** und ist fähig zu wählen, wohin und wie die der Persönlichkeit zur Verfügung stehende vitale Lebensenergie gelenkt werden soll. Diese vitale Lebensenergie möchte fließen, sich ausdrücken und durch Handeln im alltäglichen Leben umgesetzt werden. Als Individuum kann ich lernen, den Beobachter bewußt einzusetzen und meine bewußte Wahl im Sinne eines kreativen Flusses der Lebensenergie einzusetzen. Auf Teilpersönlichkeiten übertragen bedeutet dies, Eigenschaften, die ich gerne leben möchte, bewußt zu wählen.

Ziel der Teilpersönlichkeitsarbeit ist ein qualitätvoller Verwandlungsprozess, durch den das kreative Umsetzen des menschlichen Potentials im täglichen Leben ermöglicht wird. Dies wird zur Folge haben, Perspektiven zu verändern und persönliche Traumata und Dramen als Stufen im eigenen Heilungsprozeß anzunehmen. Teilpersönlichkeitsarbeit in diesem Sinne angewandt, wird zur heilenden, transformierenden und wachstumsfördernden Methode.

TEILPERSÖNLICHKEITEN KENNENLERNEN

MEIN ROLLENSPIEL

Rollenspiele sind etwas Alltägliches in unserem Leben. Die Geschäftsfrau oder der Geschäftsmann, Mutter oder Vater, Kind oder Lehrer, Kritiker oder Hilflose je nach dem, welche Rolle zu welcher Zeit angebracht ist. Diese Rollen sind uns oft nicht bewußt. Unterschiedlichste Situationen im Leben rufen ganz verschiedene Teile der Persönlichkeit auf die Bühne. Oft entstehen diese Teilpersönlichkeiten schon in der Kindheit und ermöglichen dem Kind, mit bestimmten Situationen umgehen zu können. Es sind alte, getreue Gefährten, die die Situation für uns übernehmen und damit so umgehen, wie sie es in der Kindheit gelernt haben. Das kann uns in eine schwierige Lage bringen, da die Reaktionen dieser Teilpersönlichkeit noch die gleichen wie in der Kindheit sind und in unserem heutigen Leben oft fehl am Platze. Es ist ein altbekanntes Gefühl: „Jetzt habe ich doch schon wieder so reagiert, obwohl ich es nicht wollte! Ich will in solchen Situationen nicht mehr so reagieren, und trotzdem geschieht es."

Die folgende Übung macht bewußt bekannt mit einer der Rollen, die wir im täglichen Leben spielen.

Lasse Dir Zeit, Dich bequem hinzusetzen, die Augen zu schließen, tief ein- und auszuatmen und Deine Aufmerksamkeit nach innen zu wenden.

Vielleicht kannst Du Dich an eine Situation in den letzten Tagen erinnern, die Dich stark beschäftigte.

Stelle Dir vor, Du kannst Dich in dieser Situation beobachten.

Vielleicht hast Du Dich irritiert, ängstlich oder wütend gefühlt und dementsprechend gehandelt.

Erlaube der ganzen Szene noch einmal vor Deinem inneren Auge abzulaufen und versetze Dich zurück in diese Situation.

Was denkst Du?

Was fühlst Du im Körper?

Welche Emotionen nimmst Du wahr?

Wo im Körper spürst Du sie?

Wie sieht die Welt aus von hier?

Wie möchtest Du gerne handeln?

Nun atme tief ein und aus und tritt einen Schritt zurück:

Was kannst Du beobachten?

Was für ein Teil von Dir drückt sich da aus?

Was versucht dieser Teil für Dich zu tun?

Versucht er Dir zu helfen und die Situation unter Kontrolle zu halten?

Möchtest Du diesem Teil dafür danken? Wenn ja, tue das.

Wenn nicht, beobachte Deinen Widerstand.

Wie sind Deine Gefühle diesem Teil gegenüber?

Wie begrenzt Dich diese Teilpersönlichkeit? Betrachte ihre begrenzenden Verhaltensweisen. Wie sieht sie die Welt?

Was denkst Du, was sie wirklich von Dir braucht?

Wärst Du willig, ihr zu geben, was sie braucht?

Wie könnte das geschehen?

Was für ein Geschenk oder spezielle Qualitäten kann sie Dir bieten?

Wie kannst Du ihre Qualitäten besser in Dein Leben einbringen?

Dann spüre Dich in Deinem Körper, spüre Deine Hände und Füße, bewege sie, und öffne langsam Deine Augen und mache Dir ein paar Notizen.

Diese Übung führt dazu, sich mit einer Rolle zu **identifizieren**, um Einblick in die dazugehörigen Körperempfindungen, Gedankenstrukturen und Emotionen zu bekommen. Anschließend wird bewußt der Beobachter eingeschaltet, um einen

Überblick über die Situation zu gewinnen, d.h. eine sogenannte **Disidentifikation**. Von dieser Perspektive aus kann erkannt werden, welche Teilpersönlichkeit in diesem Moment die Regie führt. Das Verhaltensmuster wird dadurch klarer und kann erkennen lassen, wie dieser Teil auf seine Weise, und sei sie noch so ver-rückt, versucht, die Situation zu retten. Auf diese Weise werden Begrenzungen der Teilpersönlichkeit sichtbarer. Sie zu beobachten heißt, verborgene Qualitäten zu erfassen, und es wird dann möglich, diese Qualitäten im Täglichen umzusetzen.

Die hier wiedergegebenen Erlebnisse und Erfahrungen verschiedener Personen zeigen, wie vielfältig diese Übungen angewendet werden können.

Beispiel Eins: Lore

Vielleicht kannst Du Dich an eine Situation in den letzten Tagen erinnern, die Dich stark beschäftigte. Stelle Dir vor, Du kannst Dich in dieser Situation beobachten. Vielleicht hast Du Dich irritiert, ängstlich oder wütend gefühlt und dementsprechend gehandelt.

Ablehnung der Krankenkasse eines Antrages für Höherversicherung wegen Kopfschmerzen, die psychosomatischen Beschwerden seien chronisch. Ich sei zwar nicht krank, aber ich sei ein erhöhtes Risiko.

Erlaube der ganzen Szene noch einmal vor Deinem inneren Auge abzulaufen und versetze Dich zurück in diese Situation. Was denkst Du?

Ich bin nicht belastbar, ich bin eben chronisch, man darf nicht ehrlich sein, sonst gilt man als schwaches Glied der Gesellschaft. Die wären schließlich für mich da, eine

Arroganz, mich auszuschließen. Was ist denn mit wirklich kranken Menschen? Wer hat dann noch eine Chance! Ich hätte wohl weiter still leiden sollen, statt wieder zum Arzt zu gehen.

Was fühlst Du im Körper?

Enge im Hals, ich kann nicht mehr richtig sehen, habe verweinte Augen.

Welche Emotionen nimmst Du wahr?

Scham, Empörung, Verzweiflung.

Wo im Körper spürst Du sie?

Im Hals, Nacken, Kopf, als Enge in der Brust.

Wie sieht die Welt aus von hier?

Bedrohlich, fast nicht zu bewältigen, als riesige Anforderung, der ich nicht gerecht werden kann, wenn ich eine Macke habe.

Wie möchtest Du gerne handeln?

Mich auflehnen, zurückschreiben, mich wehren für mich und für andere, die auch psychosomatisieren oder wirklich auch krank sind, mich einsetzen für die „erhöhten Risiken", öffentlich zurückschreiben, meinem Arzt sagen, was er mir mit seinem Zeugnis eingebrockt hat.

Nun atme tief ein und aus und tritt einen Schritt zurück. Was kannst Du beobachten?

Ich bin voll drin, brauche enorm viel Energie und kann nicht wirklich überlegen, was jetzt notwendig wäre und was wirklich stimmt.

Was für ein Teil von Dir drückt sich da aus?

Die Verletzte, die eigentlich stark sein müßte, die verletzte Kämpferin.

Was versucht dieser Teil für Dich zu tun?

Er versucht, mich zu schützen und zu reden.

Versucht er Dir zu helfen und die Situation unter Kontrolle zu halten?

Ja.

Möchtest Du diesem Teil dafür danken? Wenn ja, tue das. Wenn nicht, beobachte Deinen Widerstand.

Ich kann sehen, daß er sich für Schwächere einsetzt, auch für meine schwachen Anteile. Er hat mir auch schon oft geholfen, und ich bin ihm dankbar.

Was sind Deine Gefühle diesem Teil gegenüber?

Ich kann ihn annehmen, wenn ich auch sehe, daß sein Einsatz oft ineffizient ist.

Wie begrenzt Dich diese Teilpersönlichkeit? Betrachte ihre begrenzenden Verhaltensweisen. Wie sieht sie die Welt?

Sie sieht die Welt als Gegnerin, als schlecht. Sie richtet ihr Augenmerk auf das Versagen der andern und meines. Sie geht blind und verweint drauflos. Sie kann nicht mehr sehen und hören und fühlen.

Was denkst Du, was sie wirklich von Dir braucht?

Sie braucht Anerkennung, aber auch jemanden, der sie aufhält und sagt: „Sieh zuerst genau hin, was siehst Du?" Sie darf nicht ständig an die Front geschickt werden.

Wärst Du willig, ihr zu geben, was sie braucht?

Ja.

Wie könnte das geschehen?

Indem sie genau sieht, hört und spürt, was los ist, innehält und nicht an die Front geschickt wird.

Was für ein Geschenk oder spezielle Qualitäten kann sie Dir bieten?

Schnelligkeit, Engagement, Tollkühnheit.

Wie kannst Du ihre Qualitäten besser in Dein Leben einbringen?

Wenn ich Verletzung spüre, nicht gleich in Gegenangriff gehen, sondern strategisch und mit Herz für mich kämpfen.

Lore wird in dieser Übung zunächst mit der ersten Stufe des Verwandlungsprozesses vertraut gemacht, dem Erkennen eines bestimmten Verhaltens. Erkennen wird Lore erst möglich, wenn sie sich selbst beobachten kann. In der Sprache der Psychosynthese heißt das, sich vom Inhalt des Verhaltens zu disidentifizieren und zu beobachten. Es gelingt Lore ohne Schwierigkeiten. Wenn das Erkennen sich vertieft, können auch Körpergefühle und Empfindungen wahrgenommen werden, die das hier beschriebene Verhalten begleiten. Zum Erkennen gehört es auch, Emotionen und Gefühle im Körper zu lokalisieren. (Beispiel: „Ich bin nicht belastbar, ich bin eben chronisch ...“). Das Erkennen erweitert sich z.B., wenn die begrenzende Perspektive der psychodynamischen Strukturen wahrgenommen werden kann. (Die Welt als „bedrohlich, fast nicht zu bewältigen...“ etc.). Alle hier gestellten Fragen zielen darauf ab, die Persönlichkeitsteile genau kennenzulernen.

Lore wird durch diesen Prozeß des genauen Kennenlernens (Disidentifikation von und Identifikation mit dem Teil und beobachten) fähig, die Verhaltensweise ihrer psychodynamischen Struktur, der „Verletzten“, von einer anderen Perspektive aus wahrzunehmen. Diese Perspektive erlaubt ihr anzuschauen, was dieser Teil in der jeweiligen Situation für sie zu erreichen versucht. Aus dieser Erkenntnis heraus kann sie sich diesem Persönlichkeitsteil liebevoll zuwenden und seine Bedürfnisse verstehen lernen. Hier liegt der erste Schritt zur nächsten Verwandlungsstufe, der Akzeptanz. Aus ihr heraus können dann andere mögliche Verhaltensweisen und Qualitäten erkannt werden (z.B. Schnelligkeit, Engagement, Tollkühnheit.)

Der nächste Schritt für Lore wäre es, die Akzeptanz zu vertiefen, um verborgene Qualitäten deutlicher ins Bewußtsein zu bringen.

Beispiel Zwei: Sieglinde

Vielleicht kannst Du Dich an eine Situation in den letzten Tagen erinnern, die Dich stark beschäftigte. Stelle Dir vor, Du kannst Dich in dieser Situation beobachten. Vielleicht hast Du Dich irritiert, ängstlich oder wütend gefühlt und dementsprechend gehandelt.

Daß ich mich nicht zeigen kann und Angst habe, mich einzubringen. Das Gefühl, daß das Leben an mir vorbei fließt.

Erlaube der ganzen Szene noch einmal, vor Deinem inneren Auge abzulaufen und versetze Dich zurück in diese Situation. Was denkst Du?

Es stinkt mir, daß es so ist. Möchte mir einen Stoß geben, damit ich endlich diesen Schritt tue.

Was fühlst Du im Körper?

Enge, Starre im ganzen Körper.

Welche Emotionen nimmst Du wahr?

Ohnmacht, Ungeduld, Wut, Trauer.

Wo im Körper spürst Du sie?

Im Unterbauch.

Wie sieht die Welt aus von hier?

Groß, überdimensional.

Wie möchtest Du gerne handeln?

Frei, ungezwungen, experimentierfreudig, spontan, ohne Angst.

Nun atme tief ein und aus und tritt einen Schritt zurück: Was kannst Du beobachten?

Ich bin dagesessen und habe gewartet.

Was für ein Teil von Dir drückt sich da aus?

Die Unsichere mit inneren Erwartungen, die sie nie erfüllen kann.

Was versucht dieser Teil für Dich zu tun?

Nichts, dieser Teil blockiert mich und zeigt das Scheitern im voraus an.

Versucht er Dir zu helfen und die Situation unter Kontrolle zu halten?

Ja.

Möchtest Du diesem Teil dafür danken? Wenn ja, tue das. Wenn nicht, beobachte Deinen Widerstand.

Ich kann ihm nicht danken, da er mir stinkt.

Was sind Deine Gefühle diesem Teil gegenüber?

Er bewahrt mich vor dem Scheitern. Ich bin wütend, weil er mir nicht erlaubt, auszuprobieren.

Wie begrenzt Dich diese Teilpersönlichkeit? Betrachte ihre begrenzenden Verhaltensweisen. Wie sieht sie die Welt?

Sie engt mich ein und läßt mich unbeweglich werden, damit sie kein Risiko eingehen muß. Das Risiko, Fehler zu machen.

Was denkst Du, was sie wirklich von Dir braucht?

Erlaubnis, daß sie sich ausruhen darf, sich nicht mehr so anstrengen muß.

Wärst Du willig, ihr zu geben, was sie braucht?

Ja.

Wie könnte das geschehen?

Immer wieder erlauben und ihr danken, daß sie sich so sehr angestrengt hat.

Was für ein Geschenk oder spezielle Qualitäten kann sie Dir bieten?

Entspannung und Entlastung.

Sieglinde erkennt ihre Angst und Wut darüber, dass sie sich nicht einbringen kann. Sie spürt und erkennt, wie diese Situation ihren Körper erstarren läßt. In ihrem Unterbauch sitzen Ohnmacht, Ungeduld, Wut und Trauer. Wenn sie sich mit der Situation identifiziert, fühlt sie sich überwältigt. Durch den bewußten Schritt der Disidentifikation („Atme tief ein und aus und tritt einen Schritt zurück!") und mit dem Einschalten des Beobachters kann sie jetzt die Unsichere und deren Erwartungen erkennen. Die Motivation dieser psychodynamischen Struktur wird noch nicht ersichtlich, sondern vorläufig nur ihre Handlung. Sieglinde gelingt der Schritt zur Akzeptanz dieses Teils noch nicht, da sie sich mit diesem Teil und seiner Wut identifiziert. Sie kann jedoch erkennen, welche zukünftigen Wachstumsmöglichkeiten dieser Teil ihr bieten kann.

Ihre nächsten Schritte in diesem wären Erkennen, Annahme und Akzeptanz ihrer Wut, die ihr jetzt noch nicht erlaubt, weiter auf die Unsichere einzugehen.

Beispiel Drei: Elisabeth

Vielleicht kannst Du Dich an eine Situation in den letzten Tagen erinnern, die Dich stark beschäftigte. Stelle Dir vor, Du kannst Dich in dieser Situation beobachten. Vielleicht hast Du Dich irritiert, ängstlich oder wütend gefühlt und dementsprechend gehandelt.

Mein Auto fährt nicht, ich fühle mich hilflos, schwach, es fehlen mir Leute.

Erlaube der ganzen Szene noch einmal vor Deinem inneren Auge abzulaufen und versetze Dich zurück in diese Situation. Was denkst Du?

Ich steige ins Auto, es springt nicht an, ich sollte schon anderswo sein. Scheiße! Alles kommt durcheinander! Ich krieg diesen Tag nicht mehr auf die Reihe! Ich bin ausgeliefert, kann nicht mehr selbst bestimmen.

Wo fühlst Du es im Körper?

Meine Hände zittern, ich fühle mich nackt, ohne Schutzhäute, körperlich ausgesetzt, unangenehm im gesamten Körper.

Welche Emotionen nimmst Du wahr?

Wut.

Wo im Körper spürst Du sie?

Im zittrigen flattrigen Sein des Körpers.

Wie sieht die Welt aus von hier?

Furchtbar, beängstigend, am liebsten soll nichts auf mich zukommen.

Wie möchtest Du gerne handeln?

Mich verstecken, zurückziehen, Häute wachsen lassen.

Nun atme tief ein und aus und tritt einen Schritt zurück, was kannst Du beobachten?

Sehe, daß ich vernünftig gehandelt habe, griff zum Telefon, habe den Pannendienst angerufen mit normaler Stimme. Nachher geflucht.

Was für ein Teil von Dir drückt sich da aus?

Die Vernünftige, die Klare, die der Situation entsprechend Handelnde.

Was versucht dieser Teil für Dich zu tun?

So schnell wie möglich das Auto zum Funktionieren zu bringen, auf daß ich meinen engen Zeitplan einhalten kann, um zu funktionieren.

Versucht er Dir zu helfen und die Situation unter Kontrolle zu halten?

Ja.

Möchtest Du diesem Teil dafür danken? Wenn ja, tue das. Wenn nicht, beobachte Deinen Widerstand.

Ich bedanke mich.

Was sind Deine Gefühle diesem Teil gegenüber?

Glücklich, daß er mir beisteht und organisieren kann.

Wie begrenzt Dich diese Teilpersönlichkeit? Betrachte ihre begrenzenden Verhaltensweisen. Wie sieht sie die Welt?

Nur mit Organisieren käme nichts Spielerisches, Kreatives mehr in Betracht. Mit Organisieren ist viel möglich in der Welt. Die Welt ist komisch organisiert.

Was denkst Du, was sie wirklich von Dir braucht?

Daß ich sie ab und zu in die Handlung nehme und benutze.

Wärst Du willig, ihr zu geben, was sie braucht?

Ja.

Wie könnte das geschehen?

Ich denke, daß dies schon geschieht im täglichen Tagesablauf.

Was für ein Geschenk oder spezielle Qualitäten kann sie Dir bieten?

Vereinfachung, Zusammenführung, Verdichtung des Lebens, um mehr Freiraum für Unbekanntes zu bekommen.

Wie kannst Du ihre Qualitäten besser in Dein Leben einbringen?

Im geeigneten Moment zulassen.

Da Elisabeth sich erlaubt ihre Wut zu spüren, erkennt sie, wie stark ihre Körperreaktionen sind, wie verletzlich sie ist. Wenn sie tief einatmet, in die Disidentifikation und die Beobachterrolle geht, erkennt sie, daß dieser verletzliche Teil den Vernünftigen, Klaren auf die Bühne ruft. Sie kann diesen Teil voll und ganz akzeptieren, da er die Dünnhäutige schützt und organisieren kann. Indem der Vernünftigen und Klaren Akzeptanz gewährt wird, vollziehen sich die beiden ersten Verwandlungsphasen.

In der weiterführenden Therapie wäre zu empfehlen, mit der anfangs erschienenen Nackten, Zitternden ohne Schutzhaut zu arbeiten. Sie braucht Aufmerksamkeit und liebevolle Zuwendung, um eventuell Häute wachsen lassen zu können und sich sicherer zu fühlen.

EINER TEILPERSÖNLICHKEIT NACHSPÜREN

Wie spürt man einer Teilpersönlichkeit nach? Woran ist sie zu erkennen? Launen, eine Veränderung im Körperempfinden von Unwohlsein bis zu Schmerz, Körperhaltung und verändertem Atemrhythmus, Druckgefühl und Veränderung der Stimme und/oder Lautstärke bei bestimmten auftauchenden Gedanken, die Art und Weise, sich mit anderen zu verständigen oder ein wechselnder Energiepegel und Körpersprache können die Anzeichen sein, um eine Teilpersönlichkeit besser kennenzulernen. Vielleicht möchtest Du die Teilpersönlichkeit, die in der vorhergehenden Übung erschien, etwas näher anschauen.

Suche Dir eine Teilpersönlichkeit aus.

Stehe auf, spiele und agiere diese Teilpersönlichkeit aus.

Wo im täglichen Leben kommt sie vor?

Wie häufig?

Welche Umstände lassen sie hervortreten?

Hindert Dich diese Teilpersönlichkeit oder fördert sie das, was Du tust, in dieser Situation?

Wie hindert sie Dich?

Wie fördert sie Dich?

Was geschieht in Deinem Körper?

Was geschieht in Deinen Emotionen?

Was geschieht in Deinen Gedanken?

Vielleicht möchtest Du Dir jetzt alles aufschreiben, um es nochmals klarer erkennen zu können.

In der hier vorgestellten Übung wird versucht, der Teilpersönlichkeit im Alltag auf der Spur zu bleiben. Oftmals rufen bestimmte Situationen und Umstände die gleiche Rolle ab. Hier wird versucht wahrzunehmen, unter welchen Umständen und wie oft das geschieht. Dabei wird die Funktion der Teilpersönlichkeit in dieser bestimmten Situation untersucht, ob sie Dich in Deinem Tun unterstützt oder behindert. Dies ist immer mit Körperempfindungen, Gefühlen, Emotionen und entsprechenden Gedankenstrukturen verbunden.

MEINE INNEREN SCHAUSPIELER KENNENLERNEN

In dieser Übung geht es darum, sich der Teilpersönlichkeit durch spontane Bilder anzunähern, d.h. sich zu erlauben, mit der Fähigkeit des Visualisierens den Inhalt der Psyche zu intensivieren.

Wie können wir unsere verschiedenen Teilpersönlichkeiten kennenlernen? Eine der wichtigsten Techniken für die Arbeit mit

Teilpersönlichkeiten ist das Visualisieren, d.h. innere Bilder entstehen zu lassen, die den Reichtum der Persönlichkeit offenbaren. Mit diesen inneren Bildern können die verschiedenen Teile bewußt gemacht werden und ihre Bedürfnisse, Wünsche, speziellen Qualitäten und Verhaltensmuster wahrgenommen werden. Es zeigen sich die eigenen Verhaltensmuster, Qualitäten, Wünsche und Bedürfnisse in unseren inneren Bildern. Die folgende Übung kann helfen, die Teilpersönlichkeiten zu erkennen und zu akzeptieren.

Lege Dir einen Stift und Papier zum Schreiben zurecht und setze Dich dann bequem hin. Vielleicht kannst Du die Augen schließen und tief ein- und ausatmen. Wende Deinen Fokus nach innen.

Stelle Dir vor, Du bist Regisseur eines Theaterstückes. Du bist in einem Theater, der Vorhang ist geschlossen und Du sitzt in einem Sessel alleine im Zuschauerraum. Auf der Bühne sind die Schauspieler/innen, die in Deinem Theaterstück mitspielen. Sie drängen darauf, sich Dir vorzustellen.

Der Vorhang geht auf, der/die erste Schauspieler/in erscheint. Schaue ihn/sie Dir an. Was sind Deine Empfindungen? Vielleicht möchtest Du ihm/ihr ein paar Fragen stellen?

Frage: „Weshalb bist Du da?“ und lasse ihn/sie darauf antworten.

Dann frage: „Was willst Du von mir?“ Lasse ihn/sie antworten.

Frage: „Was brauchst Du von mir?“ und höre, was er/sie zu sagen hat.

Und als letzte Frage: „Was hast Du mir zu bieten?“
Jetzt bedanke Dich bei dieser Teilpersönlichkeit und schließe den Vorhang.

Spüre Deinen Körper, bewege Hände und Füße, bevor Du die Augen öffnest. Vielleicht willst Du Dir ein paar Notizen machen?

Diese Übung kann wiederholt werden, um sich mit den verschiedenen Schauspielern in unserem Theaterstück des Lebens vertraut zu machen. Bitte die folgenden Fragen reflektieren.

Welche Erwartungen habe ich als Regisseur an meine Schauspieler?

Wie hätte ich gerne meine Schauspieler, um ein gutes Theaterstück auf die Beine zu bringen?

Vielleicht sind einige der Schauspieler zu radikal, zu edel oder zu machthungrig?

Wie kann ich ihr Potential fördern und damit als Regisseur meine Kreativität fließen lassen?

Auf der inneren Bühne können sich die inneren Schauspieler dem Regisseur und Beobachter in ihren Rollen zeigen. Wenn ihnen verschiedene Fragen gestellt werden, wird der Beobachter mit dem

Sinn und Zweck, den Wünschen, Bedürfnissen und verborgenen Qualitäten der Teilpersönlichkeit vertraut gemacht.

DIE MITTE UND MEINE TEILE

Wie kommen die Teilpersönlichkeiten miteinander aus? Mit der folgenden Übung soll der Beobachter geschult werden, um erkennen zu können, weshalb und warum wir auf eine bestimmte Art und Weise handeln. Innere Konflikte, Depressionen, Angst und Unentschiedenheit haben oft ihre Wurzeln in Aktivitäten unserer Teilpersönlichkeiten und ihren gegenseitigen Interaktionen. Derartige Interaktionen können sehr komplex sein und es bedarf oft längerer Zeit, um sie zu erkennen und zu transformieren. Zuerst sollten die Mitte und der Beobachter bewußt werden und die Teilpersönlichkeiten erkannt werden, um dann die Beziehungen und das Verhalten der Teilpersönlichkeiten untereinander wahrnehmen zu können.

Vielleicht möchtest Du Dir Farbstifte und Papier zurechtlegen. Dann male einen kleinen Kreis, von sechs Blütenblättern umgeben. Überlege Dir, welche Teilpersönlichkeiten im Laufe des Tages bei Dir vorhanden waren, oder nimm die, die Du durch die vorherige Übung im Theater kennengelernt hast.

Beschrifte und benenne jeden Teil der Blüte mit dem Namen einer Teilpersönlichkeit, oder male in jeden Teil eine Teilpersönlichkeit. Jetzt stehe auf, stelle Dir diesen Kreis auf dem Boden vor, atme tief und schließe Deine Augen, tritt als Beobachter in die Mitte.

Vor Deinem inneren Auge, um Dich herum stehen Deine Teilpersönlichkeiten.

Drehe Dich langsam um und beobachte sie.

Vielleicht kannst Du Dir vorstellen, sie könnten miteinander reden.

Was sagen Sie?

Welche Teilpersönlichkeit spielt eine Hauptrolle in Deinem persönlichen Theaterstück?

Welche unterstützen sich gegenseitig?

Welche bekämpfen sich gegenseitig?

Welche sind stärker ausgeprägt?

Welche sind weniger stark ausgeprägt?

Schreibe Dir die wichtigsten Aspekte auf und notiere, was Du beobachtest.

Kannst Du Muster erkennen, die Dir im täglichen Leben begegnen?

Jetzt unterhalte Dich mit Deinen Bildern und versuche zu vermitteln.

Kannst Du ihnen helfen, daß sie sich besser untereinander verstehen?

Könnte ein besseres Verhältnis geschaffen werden?

Was brauchen sie von Dir?

Was brauchst Du von ihnen?

Vielleicht kannst Du diese Zeichnung eine Weile behalten und sie Dir öfter anschauen. Nach ein paar Wochen kannst Du die Übung nochmals von Anfang an machen, einen neuen Kreis malen und ihn mit dem vorherigen vergleichen.

Die vorgehende Übung erlaubt mit der Mitte, dem Zentrum bekannt zu werden. Die Teilpersönlichkeiten befinden sich im Kreis um diesen Mittelpunkt herum. Der Beobachter kann dabei die Funktion übernehmen, die jeweiligen Strukturen und Beziehungen zwischen den verschiedenen Teilen der Persönlichkeit zu erkennen. Daraus werden die eigenen Rollenspiele und Muster, die im alltäglichen Leben ablaufen, ersichtlich. Der neutrale Beobachter von der Mitte her kann bei Konflikten als Vermittler agieren und versuchen, ihnen zu helfen, ein besseres Verhältnis miteinander aufzubauen.

Beispiel Eins: Elisabeth

Elisabeth ist siebenunddreißig Jahre alt und lebt alleine. Sie bildet Krankenschwestern in einem kleinen ländlichen Krankenhaus aus. Sie ist sich sehr bewußt, wie ihre inneren Konflikte ihre Lebensqualität und die Beziehung zu ihrem Partner beeinflussen.

Welches sind Deine sechs Teilpersönlichkeiten?

Der Kritiker, der Humorvolle, die Fröhliche, die Verständnisvolle, der Dränger, der Warner.

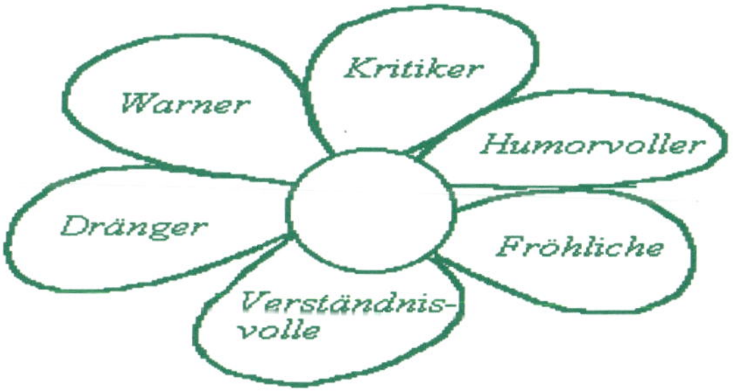

Stelle Dir Deinen Kreis auf dem Boden vor, tritt in die Mitte, schaue Dich um und siehe, welche Teilpersönlichkeiten mehr Platz einnehmen als die andern.

Die Unterschiede sind nicht groß: der Humorvolle eher etwas mehr, die andern etwa gleich.

Welche sind stärker ausgeprägt, welche weniger?

Am stärksten ausgeprägt sind der Dränger und der Warner, dann etwa gleich der Kritiker, Humorvolle, Fröhliche, am diffusesten die Verständnisvolle.

Welche unterstützen sich gegenseitig?

Humorvolle und Fröhliche.

Welche bekämpfen sich?

Dränger und Warner.

Jetzt schalte Dich ein und versuche zu vermitteln. Wie könntest Du ihnen helfen, daß sie sich besser verstehen?

Der Warner und der Dränger sprechen sich miteinander ab, was für mich zumutbar ist, und der Dränger schlägt mir das vor, anstatt es mir zu befehlen. Der Humorvolle und die Fröhliche helfen dem Kritiker, Warner und Dränger, sich nicht so ernst zu nehmen, nicht so stur zu sein, auch über sich lachen zu können. Die Verständnisvolle hilft zu akzeptieren wie alle sind.

Wie kann ein besseres Verhältnis zwischen Dir und ihnen geschaffen werden?

Ich will absolut ehrlich sein zu ihnen, lernen, sie zu akzeptieren, ihnen auch dankbar sein für alles, was sie für mich getan haben, ihre Schutzfunktion herausfinden und anerkennen, sie liebend dazu auffordern, mich mit einer anderen, der heutigen Situation angepaßten Qualität zu unterstützen.

Was brauchen sie von Dir?

Sie möchten wahrgenommen, akzeptiert und geliebt werden. Sie möchten ernst genommen und anerkannt werden.

Was brauchst Du von ihnen?

Ihre Bereitschaft, mit mir zusammenzuarbeiten. Flexibilität, sich zu verändern. Offenheit den anderen Teilpersönlichkeiten gegenüber.

Elisabeth versucht in dieser Übung die Stärke und Macht der Teilpersönlichkeiten zu erkennen und ihre Unterschiede wahrzunehmen. Dabei beobachtet sie die Interaktion zwischen den einzelnen Teilpersönlichkeiten. Elisabeth versucht in ihrer Mitte als neutrale Beobachterin die begrenzenden Verhaltensweisen zu erkennen und mit konstruktiven Vorschlägen zu vermitteln.

In einer Therapie wäre es empfehlenswert, sich die beiden gegensätzlichen Gruppierungen aus Kritiker, Warner, Dränger und der Humorvollen, Fröhlichen genauer anzuschauen, um ihre jeweiligen Dynamiken besser zu erkennen. So könnte beispielsweise gefragt werden, welche Teilpersönlichkeit zuerst in Aktion tritt und welche ihr sozusagen auf dem Fuß folgt.

Beispiel Zwei: Georg

Georg, ein neununddreißig Jahre alter Versicherungskaufmann, unverheiratet, ist ein ausgezeichneter Unterhalter und sehr erfolgreich in seinem Beruf. Nachdem seine beiden letzten Beziehungen von Seiten der Frauen ohne Worte beendet wurden, möchte er sich gerne besser kennenlernen.

Welches sind Deine sechs Teilpersönlichkeiten?

Hat mich denn niemand gern? Angst vor Autorität, Herr Meier, der kompetente Berufsmann, der Machthungrige, Geltungsdrang, der Lustvolle, der Tänzer.

Stelle Dir Deinen Kreis auf dem Boden vor, tritt in die Mitte, schaue Dich um und sieh, welche Teilpersönlichkeiten mehr Platz einnehmen als die andern.

Keine Antwort.

Welche sind stärker ausgeprägt, welche weniger?

Keine Antwort.

Welche unterstützen sich gegenseitig?

Hat mich niemand gerne? Angst vor Autorität, Herr Meier und Berufsmann, der Machthungrige.

Welche bekämpfen sich?

Der Lustvolle und Berufsmann, Herr Meier und Lustvoll, Machthunger und Angst vor Autoritäten.

Jetzt schalte Dich ein und versuche zu vermitteln. Wie könntest Du Ihnen helfen, daß sie sich besser verstehen?

Ich zeige ihnen Polaritäten auf, z.B. Machthunger und Autoritätsangst oder Lustvoll und Fritzchen Meier. Ich helfe zu verhandeln. Berufsmann will mehr Kreativität vom Lustvollen, dieser erhält dadurch neues Übungsfeld. Fritzchen Meier braucht Zusage vom Machthungrigen, um sich auch ins Lustvolle zu wagen.

Wie kann ein besseres Verhältnis zwischen Dir und ihnen geschaffen werden?

Durch Einfühlen und Verständnis für sie.

Was brauchen sie von Dir?

Platz und liebevolle Anerkennung.

Was brauchst Du von ihnen?

Abbau von Herrschaftsansprüchen, harmonisches Zusammenspiel untereinander, nicht Bekämpfung.

In Georgs Psyche stehen drei Gruppierungen miteinander im Konflikt: der Lustvolle und der Berufsmann; Herr Meier und der Lustvolle; Machthunger und Angst vor Autoritäten. Georg kann in seiner Vermittlerrolle erkennen, daß es sich hierbei um polare Gegensätze handelt, wie zum Beispiel Machthunger und Angst oder Lustvoll und Herr Meier. Er ist bereit, sie zu verstehen und ihnen Raum und Anerkennung zu geben. Das beinhaltet den ersten Schritt der Akzeptanz.

Um therapeutisch weiter zu arbeiten wäre es angebracht, mit den einzelnen in Konflikt stehenden psychodynamischen Strukturen in der Tiefe zu arbeiten; beispielsweise mit dem Machthunger und der Angst. Wenn dieser Konflikt gelöst werden kann, wird dies eine Veränderung in der Dynamik der Psyche als Ganzes hervorrufen.

Beispiel Drei, Martha

Martha, eine vierzigjährige Psychiaterin, ist verheiratet, unterrichtet an der Universität, wo sie einen Lehrstuhl bekleidet, und hat eine erfolgreiche private Praxis. Es ist ein tiefer Wunsch, mehr Qualität in ihr Leben zu bringen, im gesellschaftlichen und im privaten Umgang mit ihrem Partner.

Welches sind Deine sechs Teilpersönlichkeiten?

Der Einsiedler, die Vernünftige, die Kämpferin, der Genießer, die arme Nörglerin, Jammertante, der Blockierte.

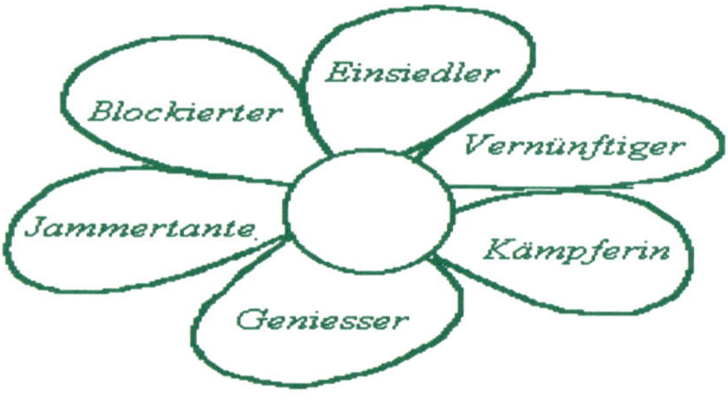

Stelle Dir Deinen Kreis auf dem Boden vor, tritt in die Mitte, schaue Dich um und siehe, welche Teilpersönlichkeiten mehr Platz einnehmen als die andern.

Die Vernünftige nimmt am meisten Platz ein, sie beeinflußt und kontrolliert auch die anderen.

Welche sind stärker ausgeprägt, welche weniger?

Am meisten Energie haben die Kämpferin und der Blockierte, auch die Nörglerin. Am klarsten erscheint mir der Genießer und die Vernünftige, auch der Einsiedler.

Welche unterstützen sich gegenseitig?

Die Kämpferin und der Genießer wollen beide nach außen, nach vorne. Die Jammertante/Nörglerin und der Blockierte unterstützen sich indirekt, indem sie beide das Ganze hemmen. Auch der Einsiedler hemmt vielleicht, aber er hat das gleiche Ziel wie die Vernünftige, nämlich Entwicklung.

Welche bekämpfen sich?

Die Vernünftige unterstützt die Blockierung des Blockierten (ich glaube übrigens, daß im Käfig ein Zigeuner versteckt ist, vor dessen Reiselust und Energie sie sich fürchtet). Sie kontrolliert auch die Kämpferin und den Genießer, so daß diese ihr Potential nicht ausleben können. Nur die Nörglerin kann die Vernunft ausschalten. Sie dämpft auch den Genießer und lenkt die Kraft der Kämpferin in alle Richtungen, so daß sie ineffizient wird.

Jetzt schalte Dich ein und versuche zu vermitteln. Wie könntest Du Ihnen helfen, daß sie sich besser verstehen?

Gewisse sehr kraftvolle Teilpersönlichkeiten brauchen ein wenig Disziplin und Richtlinien, damit ihre Qualitäten ausgelebt werden können. Vielleicht kann sich dann auch die Vernunft etwas zurückziehen. Der Einsiedler kann sich erst öffnen, wenn „das Haus stabil“ ist. Den blockierten Zigeuner muß ich erst noch besser kennenlernen.

Wie kann ein besseres Verhältnis zwischen Dir und ihnen geschaffen werden?

Ich habe, außer vielleicht zur Nörglerin, eigentlich zu allen eine akzeptierende Haltung. Ich möchte vor allem die kraftvolle Kämpferin, den Genießer und den Einsiedler bewußter in meinen Alltag aufnehmen. Ich habe erfahren, daß sich die Nörglerin in eine Handelnde verwandeln kann. Ich freue mich darauf, die positiven Kräfte des Zigeuners zu „erlösen" (z.B. Musik, Tanz, magisch-mystisches Denken, Flexibilität, Loslassen).

Was brauchen sie von Dir?

Die Vernünftige braucht es, daß ich meine Gefühlswelt mehr entwickle. Der Einsiedler braucht, daß ich mehr in meiner Mitte bin. Der blockierte Zigeuner braucht es, daß ich ihn zulasse. Die Kämpferin braucht ein Ziel. Die Jammertante braucht klare Entscheidungen von mir, z.B., daß ich mich den Problemen des Alltags stelle. Der Genießer braucht Möglichkeiten, sich ohne Übertreibung auszuleben, ohne mir dabei zu schaden.

Was brauchst Du von ihnen?

Von der Vernünftigen brauche ich eine klare Beurteilung der jeweiligen Situation, ohne ihren Filter der Ängstlichkeit und Überangepaßtheit. Vom Einsiedler, daß er seine Ansprüche an mich etwas zurücknimmt und etwas mehr von seiner Ruhe und von seinem Licht abgibt. Vom blockierten Zigeuner, daß er sich langsam auf seine Befreiung einstellt und die anderen Teilpersönlichkeiten kennenlernt. Von der Kämpferin, daß sie an meiner Seite bleibt und etwas Aikido oder Karate lernt und nicht immer mit dem Kopf durch die Wand will. Von der Jammertante, daß sie versucht, ihre Energie zu fokussieren und sinnvoll einzusetzen. Vom Genießer, daß er mich dazu anhält, alles ein bißchen leichter zu nehmen, um die privilegierte Situation, in der ich mich befinde, zu schätzen und das Schöne in der Natur und in den andcrn Menschen zu sehen.

Martha wird sich der Kraft ihrer Teile bewußt und erkennt ihre Angst vor deren Energie. Die „Vernünftige“ hält die in der „Zigeunerin“ und der „Kämpferin“ steckende Energie unter Kontrolle.

Es wäre für Martha hilfreich, ihre Angst zu akzeptieren und zu lernen, mit dieser kraftvollen Energie, die ein Teil ihrer Lebensenergie ist, umzugehen und sie fließen zu lassen.

Beispiel Vier: Gerd

Gerd, ein Computerspezialist, ist neununddreißig Jahre alt, in einer einigermaßen funktionierenden Ehe, fühlt eine tiefe Unzufriedenheit mit seiner Arbeit. Er sucht nach Wegen um die Kraft zu finden seinen Job zu verändern. Er möchte sich selbst in der Arbeit kreativer eingeben können.

Welches sind Deine sechs Teilpersönlichkeiten?

Der Geduldige, der Heilige/Prediger, der Harmoniesüchtige, der Entwicklungshungrige, der „Ich kann nicht/ich will nicht”, der Lehrer/Übergescheite.

Stelle Dir Deinen Kreis auf dem Boden vor, tritt in die Mitte, schaue Dich um und siehe, welche Teilpersönlichkeiten mehr Platz einnehmen als die anderen.

Der Heilige/Prediger, der Lehrer/Übergescheite sowie der Harmoniesüchtige zeigen sich größer. Am unklarsten zeigt sich der Entwicklungshungrige.

Welche sind stärker ausgeprägt, welche weniger?

Der Geduldige, der „Ich kann nicht/ich will nicht” und der Harmoniesüchtige zeigen sehr starke Strukturen.

Welche unterstützen sich gegenseitig?

Der Heilige/Prediger und der Lehrer/Übergescheite arbeiten intensiv zusammen. Auch der Geduldige und der Harmoniesüchtige kommen gut miteinander aus. Der „Ich kann nicht/ich will nicht” und der Entwicklungshungrige stehen eigentlich im Konflikt miteinander. Der Harmoniesüchtige läßt aber das Austragen dieser Konflikte und Spannungen nicht zu.

Welche bekämpfen sich?

Keine der Teilpersönlichkeiten bekämpfen sich untereinander.

Jetzt schalte Dich ein und versuche zu vermitteln. Wie könntest Du Ihnen helfen, daß sie sich besser verstehen?

Bei der Arbeit mit dem Selbst und den Teilpersönlichkeiten konnte das Selbst allen Teilpersönlichkeiten Hilfe anbieten. Gegenüber dem Geduldigen wurde die Akzeptanz bestätigt, der Beobachter gab dem Geduldigen aber den Hinweis, daß die Qualität „Sanduhr", Zeit fließen lassen, zwei Seiten hat, einerseits „Zeit zu haben" und andererseits bedeutet, die „Zeit fließt" und ist unwiederbringbar vorbei. Der Geduldige bekommt Mut, mehr mit dem Entwicklungshungrigen zusammenzuarbeiten; beide würden sich ergänzen.

Dem Harmoniesüchtigen zeigte der Beobachter, daß im Austragen von Konflikten eine höhere Harmonie entstehen kann. Konflikte liebevoll anzugehen heißt, neue Erkenntnisse zu gewinnen, aus denen sich alle anderen Teilpersönlichkeiten weiter entwickeln können, vor allem auch der Entwicklungssüchtige. Den „Ich kann nicht/ich will nicht" Teil nimmt der Beobachter in den Arm und gibt ihm seine Lebens- und Seinsberechtigung. In dem zuvor ausgearbeiteten Mitte-Potential „Offenheit, Wahrnehmung, Selbstbestimmung" ist sehr viel Platz für Wachstum und Erkenntnis. Es ist schön, daß dieser Teil sein darf. Zum Prediger sagt der Beobachter, daß seine Güte und Liebe immer willkommen sind und er sich mehr auf diesen Teil konzentrieren soll als auf den Teil des „Predigens". Der Beobachter räumt mit der Angst des Predigers auf, nicht genügend Liebe zu haben, indem er ihm die Liebe als Ersatz für das Predigen verspricht. Dem Lehrer und Übergescheiten dankt der Beobachter für den Schutz, den er in der Kindheit geben konnte, den Schutz vor dem Unterlegensein, Kleingemachtwerden. Er gibt ihm die Bestätigung, daß sein Wissen und seine Intelligenz, seine Auffassungsgabe und sein Anpassungspotential nützlich sind, daß aber seine Überlegenheit die Wachstumschancen nicht erkennen kann.

Wie kann ein besseres Verhältnis zwischen Dir und ihnen geschaffen werden?

Das Verhältnis untereinander und zwischen mir und den Teilpersönlichkeiten kann mit gegenseitiger Akzeptanz, liebevollem Annehmen und konstruktiver, respektorientierter Kritik verbessert werden (tönt nach Kopf, fühlt sich aber im Beobachter richtig an!).

Was brauchen sie von Dir?

Die Teile brauchen von mir Führung, Anerkennung und Unterstützung, um ihre heutige und künftige Rolle herauszufinden und sich in diese Richtung zu transformieren. Also, Hilfe zur Selbsthilfe und liebevolle Unterstützung und Annahme.

Was brauchst Du von ihnen?

Ich brauche von ihnen die Offenheit und Bereitschaft, sich entwickeln zu lassen, bzw. sich zu entwickeln und die gegenseitige Akzeptanz und Unterstützung als Chance der Entfaltung.

Gerd entdeckt, daß seine Teilpersönlichkeiten unfähig sind, einen Konflikt zu erlauben oder auszutragen. Sie unterstützen sich gegenseitig um der lieben Harmonie willen. Es gelingt Gerd, durch geschicktes Verhandeln seine Persönlichkeiten miteinander in eine andere Beziehung zu bringen. Er ist sich bewußt, die Führung und das heisst auch die Verantwortung und Entwicklung seiner Teile und deren Qualitäten künftig übernehmen zu wollen.

Beispiel Fünf: Anna

Anna, eine zweiunddreissigjährige Wirtschaftsspezialistin, ist Mutter einer kleinen Tochter. Es drängt sie danach, so bald wie möglich wieder in die Arbeitswelt zurückzukehren.

Welches sind Deine sechs Teilpersönlichkeiten?

Das Kind, die verletzte Heilerin, die Kontrollierende/ Manipulierende, die Autoritäre, die Infragestellende, die freiheitsliebende Kämpferin.

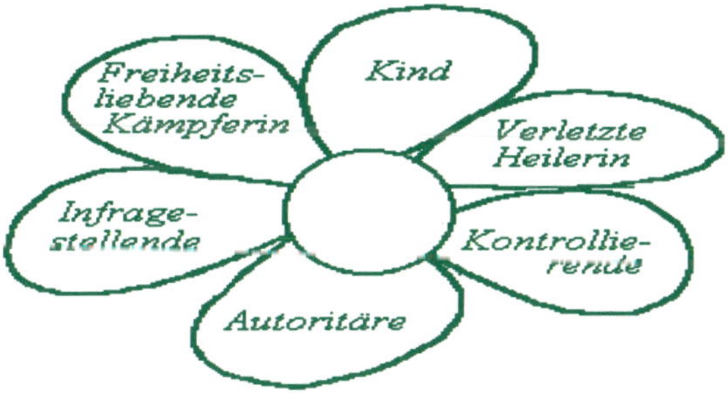

Stelle Dir Deinen Kreis auf dem Boden vor, tritt in die Mitte, schaue Dich um und siehe, welche Teilpersönlichkeiten mehr Platz einnehmen als die andern.

Das Kind nimmt zur Zeit immer mehr Raum in Anspruch, parallel dazu die verletzte Heilerin und die Infragestellende.

Welche sind stärker ausgeprägt, welche weniger?

Stärker ausgeprägt sind die Kontrollierende, die die Manipulation langsam abbaut, die verletzte Heilerin, die Infragestellende und die Autoritäre, die sich ihrer Autorität bewußter wird. Weniger strukturiert sind das Kind und die freiheitsliebende Kämpferin.

Welche unterstützen sich gegenseitig?

Die freiheitsliebende Kämpferin, die verletzte Heilerin und das Kind in mir.

Welche bekämpfen sich?

Die Kontrollierende und die freiheitsliebende Kämpferin, die Infragestellende und die Autoritäre, das Kind und die Autoritäre.

Jetzt schalte Dich ein und versuche zu vermitteln. Wie könntest Du ihnen helfen, daß sie sich besser verstehen?

Ich sehe mich als Vermittlerin zwischen den Teilpersönlichkeiten und versuche ihnen klar zu machen, daß sie einander brauchen, um ihr jeweiliges Potential zu entwickeln und daß sie in ihrem je eigenen Interesse möglichst gut zusammenarbeiten, weil sie sich gegenseitig unterstützen können.

Wie kann ein besseres Verhältnis zwischen Dir und ihnen geschaffen werden?

Ich muß lernen, sie voll zu akzeptieren und ihnen dies deutlich mitteilen. Wenn ich mich ihnen zuwende, mich ins Gespräch mit ihnen einlasse, lerne ich sie besser kennen und dadurch verstehen.

Was brauchen sie von Dir?

Daß ich sie noch besser kennenlerne und sie zu meinen FreundInnen werden; ich für sie Verständnis entwickle und sie zu helfenden Werkzeugen werden lasse; ich ihnen dankbar bin und es ihnen auch direkt mitteile.

Was brauchst Du von ihnen?

Daß sie mich unterstützen, damit ich meine Aufgaben mit ihrer Hilfe konkret angehen und sie erledigen kann. Jede erledigte Aufgabe bringt mich einen Schritt weiter in meinem inneren Wachstum.

Anna wird sich des inneren Konfliktes zwischen der Kontrollierenden und der freiheitsliebenden Kämpferin, dem Kind und der Autoritären bewußt. Sie sieht, daß Erkennen den Lernprozesses der Akzeptanz der einzelnen Teile einleitet. Ein besseres und tieferes Verständnis für ihre Teile wird ihr erlauben, die positiven Qualitäten, die diese in sich tragen, als helfende Werkzeuge anzunehmen.

DER TEMPEL DER STILLE

Innere und äussere Stille zu finden gelingt in unserer hektischen Zeit nur noch selten. In der folgenden Übung wird die Teilpersönlichkeitsarbeit in Zusammenhang mit erfahrbarer Stille und dem Zugang zum „Inneren Weisen Wesen" gebracht.

Diese Übung erlaubt uns, kontemplativ mit der besonderen Qualität der Stille in Kontakt zu kommen, d.h. in der Kontemplation dieser Qualität werden Teilpersönlichkeiten mit dem „Weisen Wesen" als einer Energie des „Höheren Unbewußten" (Assagioli, 1988) in Verbindung gebracht. Es kann immer wieder die Erfahrung gemacht werden, daß sich dadurch alte psychodynamische Strukturen verändern, auch ohne daß zusätzliche Methoden angewandt werden.

Finde einen ruhigen Platz, wo Du ungestört bist. Lege Papier und etwas zum Schreiben neben Dich. Setze Dich bequem hin und schließe Deine Augen. Atme tief ein und aus und erlaube Dir, Dich zu entspannen.

Jetzt stelle Dir vor, Du stehst auf einer Waldwiese, am Fuße eines Berges, an einem schönen sonnigen Tag. Du kannst die warmen Sonnenstrahlen spüren. Ein Pfad führt auf den Berggipfel. Wenn Du hinaufschaust, kannst Du oben auf dem Berggipfel eine Lichtung wahrnehmen mit einem Tempel in der Mitte.

Gehe den Berg hinauf, der Pfad ist nicht sehr steil. Je höher Du gelangst, um so reiner wird die Luft. Wenn Du auf der Lichtung auf dem Berggipfel ankommst, erlaube Dir die

Ruhe und Stille, die dort herrscht, wahrzunehmen. Jede Zelle Deines Körpers wird von dieser Stille erfüllt. Je näher Du auf den Tempeleingang zugehst, desto stiller wird es in Dir. Deine Gefühle, Gedanken werden still.

Du trittst in den Tempel ein. Im Mittelpunkt des Tempels fällt starkes Sonnenlicht durch eine Dachöffnung herein. Von diesem Lichtstrahl strömt tiefe Ruhe aus. Jetzt schaue nach oben, wo der Lichtstrahl herkommt. Eine Treppe führt durch die Öffnung auf eine Dachterrasse. Du steigst auf die Terrasse in das Sonnenlicht. Wende Dich zur Sonne hin, lasse Dich die Wärme und Energie spüren, nimm Dir soviel Zeit wie Du brauchst.

Rufe eine Deiner momentan wichtigsten Teilpersönlichkeiten und bitte sie, die Treppe hinauf zu Dir auf das Dach zu kommen. Lade sie ein, neben Dir das Sonnenlicht zu genießen. Beobachte einfach was geschieht, wenn Ihr beide Euch von der Wärme und dem Sonnenlicht durchdringen laßt.

In der Sonne erscheint das Gesicht eines "Weisen Wesens", das Dich liebevoll anblickt. Du kannst diese Liebe spüren. Vielleicht hat es Dir etwas mitzuteilen. Oder vielleicht möchtest Du etwas fragen?

Beginne einen Dialog mit diesem „Weisen Wesen". Frage es, was Dein nächster Schritt ist betreffend Deiner Teilpersönlichkeit. Wenn nötig, bitte das „Weise Wesen" um Hilfe.

Wenn Du das Gefühl hast, das Gespräch sei abgeschlossen, bitte das „Weise Wesen", Dich und Deine Teilpersönlichkeit mit Licht und Wärme zu umhüllen.

Beobachte, ob sich etwas zwischen Dir und Deiner Teilpersönlichkeit ändert.

Bedanke Dich bei dem "Weisen Wesen" und verabschiede Dich. Steige die Treppe des Tempels hinunter, gehe den Berg hinunter.

Spüre Deinen Körper, bewege Hände und Füße, bevor Du die Augen öffnest.

Mache Dir ein paar Notizen über das, was geschehen ist. Vielleicht möchtest Du Dich fragen, wie die Erfahrung der Stille, der Sonne und des „Weisen Wesens" Deine Beziehung zur Teilpersönlichkeit beeinflußt hat?

Was hat sich im Sonnenlicht verändert?

Wie kann das, was sich verändert hat, im täglichen Leben gelebt werden?

Die vorhergehende Übung möchte dazu anregen, durch Naturschilderung und das Bild friedlicher Umwelt im Sonnenschein eine tiefe Entspannung hervorzurufen. Beim Aufstieg zum Tempel auf einen Berg wird erlaubt, mit der Dimension des „Höheren Unbewußten" in Berührung zu kommen, um sich gleichzeitig deutlicher mit der Qualität der Stille vertrauter zu machen. Der höhere Aufstieg über die Treppe aufs Dach und ins Sonnenlicht, körperlich erfahrbar, erleichtert den Kontakt mit dem „Inneren Weisen Wesen" als einer jederzeit zugänglichen Informationsquelle. Dabei wird eine Teilpersönlichkeit ganz besonders diesem Einfluß ausgesetzt, so daß die Wirkung der Energien des „Höheren Unbewußten" sie verwandeln kann.

UMGANG MIT TEILPERSÖNLICHKEITEN

FRAGEN UND ANTWORTEN

In der Psychosynthese kann über einen inneren Dialog mit Teilpersönlichkeiten gearbeitet werden, d.h. man stellt sich eine Teilpersönlichkeit vor und beginnt einen inneren Dialog mit ihr. Diese in der Psychosynthesetherapie oft angewandte Technik wird Roberto Assagioli zugeschrieben.

Dabei wurden Fragen entwickelt, die zu den besonders effektiven Werkzeugen der Psychosynthese gehören. Mit ihnen läßt sich eine Teilpersönlichkeit näher kennenlernen und genauer auf sie eingehen:

1. *Was ist Dein Sinn und Zweck?*
2. *Weshalb bist Du da?*
3. *Was willst Du von mir?*
4. *Was brauchst Du von mir?*
5. *Was hast Du mir zu bieten?*
6. *Wovor schützt Du mich?*

Auf die erste Frage, **„Was ist Dein Sinn und Zweck?“** gibt die Teilpersönlichkeit Auskunft über ihre Lebensaufgabe. Sie erleichtert mir als Beobachter, zu erkennen, ob die Lebensaufgabe der Teilpersönlichkeit im Einklang mit meiner Lebensrichtung steht. Kann ihr Sinn und Zweck mir dazu verhelfen, mein Potential zu verwirklichen oder sind sie meinen Interessen entgegengesetzt?

Die Frage **„Weshalb oder warum bist Du da?"** vermittelt Auskunft über das Tun der Teilpersönlichkeit. Antwort auf diese Frage gibt uns Informationen über ihr Handeln, bzw. ob dieses Handeln die Persönlichkeit hindert oder fördert.

„Was willst Du von mir?" gibt Einblick in die Wünsche der Teilpersönlichkeit. Die Persönlichkeit macht sich mit den Forderungen und Wünschen der Teilpersönlichkeit vertraut.

„Was brauchst Du von mir?" erlaubt, die verborgenen wahren Bedürfnisse der Teilpersönlichkeit wahrzunehmen. Sie enthüllt uns ihre geheimen Wünsche und hilft zu erkennen, ob die Persönlichkeit diese erfüllen möchte oder kann.

„Was hast Du mir zu bieten?" zeigt die vorhandenen verborgenen Qualitäten auf, die der Persönlichkeit zugänglich gemacht werden können. Gleichzeitig zeigt sie Veränderungsmöglichkeiten auf.

Die Frage, **„Wovor schützt Du mich?"**, ermöglicht der Person, die Motivierung der Teilpersönlichkeit zu erkennen. Die ursprüngliche Motivierung diente primär dem Schutz der Person, auch wenn sehr oft die Art und Weise, mit der eine Teilpersönlichkeit diese Schutzfunktion einsetzt, das Gegenteil bewirkt. Es ist sehr hilfreich, die Schutzfunktion zu erkennen, um sich einer negativen Teilpersönlichkeit verständnisvoller zuwenden zu können. Wenn sich aus Akzeptanz und Annahme der unangenehmsten Qualitäten liebevolle Hinwendung zu unseren negativen und schwierigen Teilen in uns selbst entwickelt, ist dieser Prozeß von Zuwendung und allmählichem Verstehen der direkteste und liebevollste Weg, um rigide Strukturen aufzuweichen und zu verändern.

DIALOG MIT TEILPERSÖNLICHKEITEN

In den folgenden Beispielen zu den vorhergehenden Fragen stellt man sich eine vertraute Teilpersönlichkeiten vor, d.h. man stellt dieser Teilpersönlichkeit in einem inneren Dialog sechs Fragen, die innerlich beantwortet werden. Mitunter vergeht eine Weile, bis die Teilpersönlichkeit antwortet. Ein solcher innerer Dialog gibt sehr genaue Auskunft über Struktur, Sinn und Zweck, Wünsche, Bedürfnisse, verborgene Qualitäten und die Schutzfunktion der Teilpersönlichkeit. Es ist ein direkter Weg, innere Teile kennenzulernen.

Beispiel Eins: Georg

Georg, Koch von Beruf, ist ein liebenswürdiger, leise sprechender, siebenundzwanzigjähriger, junger Mann. Er betreibt eine Anzahl von Hobbies, wie rudern, skifahren und Computer. Georg, auf der vorherigen Übung „die Mitte und ihre Teile" aufbauend, wählt eine von den sechs Teilpersönlichkeiten, um näher auf sie einzugehen und zu befragen.

Teilpersönlichkeit

Der Tänzer, der Lustvolle.

Was ist Dein Sinn und Zweck?

Lebenslust, Freude am Leben spüren, Kreativität.

Weshalb bist Du da?

Ich bin der Gegenpol zum Langweiler.

Was willst Du von mir?

Viel mehr Raum, weniger arbeiten und mehr genießen.

Was brauchst Du von mir?

Zuwendung, Raum im Alltag, auch bei der Arbeit.

Was hast Du mir zu bieten?

Lebensfreude, Bewegung und Kreativität, spielerisch leben.

Wovor schützt Du mich?

Ich schütze vor Erstarrung und Depression.

Hier zeigt sich ein Tänzer, eine lustvolle Teilpersönlichkeit. Sie will das Lustvolle und Tänzerische zum Ausdruck bringen. Sie ist da, um einen Ausgleich für den Langweiler zu bilden, will mehr Raum, weniger Arbeit und möchte mehr genießen können. Ihre wahren Bedürfnisse sind Aufmerksamkeit und Zuwendung vom Beobachter. Werden diese Bedürfnisse befriedigt, so können ihre Qualitäten der Lebensfreude, Bewegung, Kreativität und des spielerischen Lebens mehr zur Geltung kommen.

Beispiel Zwei: Susanne

Susanne, eine emotionale junge Frau, dreiundzwanzig Jahre alt, hat eine sehr dominierende Mutter. Sie kam in die Therapie, um an der Beziehung mit ihrer Mutter zu arbeiten. Während unserer gemeinsamen Arbeit zeigte sich die Teilpersönlichkeit des Warners, mit dem sie besser umgehen lernen will.

Teilpersönlichkeit
Der Warner.

Was ist Dein Sinn und Zweck?
Zu schauen, daß Du Dich nicht übernimmst.

Weshalb bist Du da?
Dich zu schützen vor einem Zusammenbruch.

Was willst Du von mir?
Daß Du auf mich hörst.

Was brauchst Du von mir?
Akzeptanz, ernst genommen zu werden.

Was hast Du mir zu bieten?
Ein friedliches, ebenmäßiges, einförmiges Leben. Schön geradeaus, ohne Tiefs und Hochs.

Wovor schützt Du mich?
Die körperliche Gesundheit nicht zu verlieren. Da der Warner mich zur Zeit sehr stört und ärgert, kann ich ihm die Akzeptanz nicht sofort geben. Ich sehe aber, daß er es wirklich gut meint mit mir, deshalb danke ich ihm erstmal. Ich sage ihm auch, daß er mich etwas zu stark „beschützt". Wir vereinbaren, daß wir gemeinsam einen Weg suchen.

Susanne entdeckt einen Teil in ihr, den sie den Warner nennt. Der Warner sieht zu, dass sie sich nicht übernimmt. Sein Hauptanliegen ist, Susanne vor einem Zusammenbruch zu schützen. Der Warner verlangt nach Gehör und gleichzeitig gibt er seinen Wunsch, in seinen Bedürfnissen ernst genommen und seitens

Susanne akzeptiert zu werden, bekannt. Sein Geschenk oder seine verborgenen Qualitäten, die er dann leben könnte, wäre ein friedliches Leben ohne zu große Hochs und Tiefs. Susanne kann diesen Teil annehmen und dadurch etwas verändern.

Beispiel Drei: Brigitte

Brigitte, eine fünfundfünfzigjährige Gymnasiallehrerin, wurde nach dreissig Jahren Arbeit frühpensioniert. Sie ist eine schlanke, scheue Frau, ängstlich, zuviel Platz einnehmen zu können. Die Teilpersönlichkeitsarbeit mit der Fehl am Platz Seienden fand nach einem Zwischenfall in einer Arztpraxis, die sie besuchte, statt.

Teilpersönlichkeit
Fehl am Platz Seiende.

Was ist Dein Sinn und Zweck?
Keine Antwort.

Weshalb bist Du da?
Keine Antwort.

Was willst Du von mir?
Keine Antwort.

Was brauchst Du von mir?
Liebevolle Zuwendung.

Was hast Du mir zu bieten?
Das Gefühl, etwas Besonderes zu sein.

Wovor schützt Du mich?

Schutz vor Überforderung. Die „Fehl am Platz Seiende“ braucht von mir viel liebevolle Zuwendung und Akzeptanz. Sie will gehalten und in den Arm genommen werden. Als ich das mit ihr machte, löste sich die Spannung, die zwischen uns herrschte. Sie schaute mich das erste Mal auch an. Ich konnte sie sehr liebevoll halten.

Brigitte versucht auf die „Fehl am Platz Seiende“ näher einzugehen. Diese Teilpersönlichkeit ist noch nicht zugänglich für ein vielseitiges Kennenlernen. Sie gibt jedoch ihre Bedürfnisse nach liebevoller Zuwendung und Akzeptanz bekannt. In ihrer Imagination hält Brigitte diesen Teil in ihrem Arm und kann dadurch körperliche Entspannung erfahren.

Beispiel Vier: Ursula

Ursula, eine leicht übergewichtige, junge, fünfunddreissigjährige Frau, arbeitet als Psychologin mit mißbrauchten Teenagern. Als Kind selbst mißbraucht, arbeitet sie seit vielen Jahren an ihrer eigenen Heilung. Nach dem sie sich in einer Arbeitssituation beobachtete, kam sie in Berührung mit der Unordentlichen.

Teilpersönlichkeit

Die Unordentliche, eine zerzauste Halbwüchsige, die im unaufgeräumten, verqualmten Zimmer hockt.

Was ist Dein Sinn und Zweck?

Ich bringe hier Leben in die Bude, ich werfe einiges durcheinander, daß es ja nicht feststeht, starr wird.

Weshalb bist Du da?

Um Dich wachzurütteln, Dich etwas durcheinander zu bringen, so daß Du neu nachdenkst. Ich protestiere gegen alles Festgelegte und Enge in Dir und um Dich herum.

Was willst Du von mir?

Daß Du einfach mit mir in dem Chaos bist und das gut findest.

Was brauchst Du von mir?

Ich brauche jemanden, die mich begleitet, mir hilft, mich und das Durcheinander zu verstehen. Die vielen Fragen, Unklarheiten, die in mir sind, zu klären. Ich brauche auch, daß Du verstehst und anerkennst, daß ich Dir etwas geben kann.

Was hast Du mir zu bieten?

Ich kann Dir helfen, daß Dein Leben in eine natürliche Ordnung kommt, daß es gelassener wird.

Wovor schützt Du mich?

Vor Enge, Festlegung, Starre, anstelle davon biete ich Entspannung, Loslassen.

Eine zerzauste Halbwüchsige, Unordentliche zeigt sich, die als ihren Lebenszweck das Durcheinanderwerfen sieht, damit nichts starr wird. Sie will Ursula wachrütteln, zum Nachdenken bringen und gleichzeitig mit ihr im Chaos bleiben. Ihre wahren Bedürfnisse sehen anders aus: Die Teilpersönlichkeit möchte das Durcheinander verstehen und Anerkennung für ihren Beitrag. Werden diese Bedürfnisse befriedigt, kann sie ihre verborgenen Qualitäten zur Geltung bringen.

Beispiel Fünf, Gerd

Gerd, ein zweiundfünfzigjähriger Familienvater von vier Kindern, ist in leitender Stellung in einer Fabrik. Er begann die Therapie mit dem Ziel seine Kommunikationsfähigkeiten zu verbessern. Während einer Beratung, in der er sich in einer Vorstandssitzung sah, kommt er in Kontakt mit dem Übergescheiten.

Teilpersönlichkeit

Der Übergescheite, Überlegene.

Was ist Dein Sinn und Zweck?

Der Sinn und Zweck konnte nicht preisgegeben werden. Körperlich kam aber sehr schnell ein Atemnotgefühl im Hals, indem die Luftröhre zuging. Die Teilpersönlichkeit fühlte eine Art Schamgefühl.

Weshalb bist Du da?

Die Frage wurde auch nicht beantwortet.

Was willst Du von mir?

Bei dieser Frage ging der Hals wieder zu und die Teilpersönlichkeit antwortete: Ich suche Struktur und Halt.

Was brauchst Du von mir?

Anerkennung und Platz und Raum. Gleichzeitig kam ein körperliches Gefühl von Weite und Ausdehnung.

Was hast Du mir zu bieten?

Wissen und Erfahrung.

Wovor schützt Du mich?

Ich helfe Dir, daß Du Dich nicht unterlegen fühlen mußt, Du hast keinen Platz, bist dumm und klein. Ich schütze Dich davor, kleingemacht zu werden.

Gerd wendet sich seinem übergescheiten, überlegenen Teil zu. Mit diesem Fokus auf die Teilpersönlichkeit erscheinen körperliche Symptome von Atemnot, die mit ihr Hand in Hand gehen. Sie denkt, sie will Struktur und Halt, bedarf jedoch der Anerkennung und des Raumes zum Ausdehnen. Wissen und Erfahrung sind ihre verborgenen Qualitäten, die, wenn sie angenommen wird, eingebracht werden.

VER-RÜCKTE QUALITÄTEN ERKENNEN

Die Teilpersönlichkeiten mit ihren positiven und negativen Qualitäten tragen verborgene Eigenschaften in sich, die zugänglich gemacht werden können. Die nächste Übung zeigt auf, wie diese Qualitäten herausgefunden werden können. Es kann mitunter sehr schwer fallen, in einer negativen Teilpersönlichkeit verborgene Qualitäten zu entdecken. Dabei sollte man nicht die gegenteilige Qualität als die verborgene Qualität ansehen. Die verborgene Qualität einer Teilpersönlichkeit liegt zwischen diesen beiden Polen. Sie ist nicht das Gegenteil der sichtbaren Qualität, sondern ein ihr innewohnendes Geschenk, das sie bietet.

Die neue Qualität zu erleben und zu verstärken, heißt neue Horizonte und neue Möglichkeiten zu eröffnen, das Verhalten dieser

Teilpersönlichkeit zu verändern, bzw. durch Akzeptanz die zukünftigen Verhaltensweisen zu transformieren. Diese Transformation kann sich im allgemein Privaten, bzw. Familiären und dem Berufsleben auswirken.

In der nachfolgenden Übung richtet sich der Fokus auf eine Qualität des Ver-rücktseins einer Teilpersönlichkeit, mit dem Ziel, die ihr innewohnende verborgene Qualität herauszuschälen.

Lege Stifte und Papier neben Dich, atme tief ein und aus, entspanne Dich, schließe die Augen und wende Dich einer Teilpersönlichkeit zu.

Wie möchtest Du sie nennen?

Wann und wo kommt diese Teilpersönlichkeit in Deinem täglichen Leben vor?

Was spürst Du im Körper und welche Gefühle nimmst Du wahr.

Wovor schützt sie Dich?

Was sind ihre ver-rückten Qualitäten?

Was sind ihre gegenteiligen Qualitäten?

Was sind ihre verborgenen Qualitäten?

Wie ist es, wenn Du diese Qualitäten in Dir lebst?

Wie würde sich Dein Leben ändern, wenn die verborgenen Qualitäten dieser Teilpersönlichkeit in dir lebendig wären?

Wie würden sich Deine Beziehungen, Partnerschaft, Familie, Umfeld verändern?

Spüre dies in Deinem Körper und sieh Dich diese Qualitäten ausleben.

In der vorhergehenden Übung wird die im täglichen Leben entdeckte Teilpersönlichkeit benannt und auf ihre ver-rückten und verborgenen Qualitäten hin angeschaut. Diese verborgenen Qualitäten werden durch Identifikation mit ihnen verstärkt und als etwas erlebt, das bereits im Körper vorhanden ist und gespürt wird.

Die Vorstellung, wie die eigene Veränderung sich auf das Leben, auf Beziehungen und das Umfeld auswirkt, intensiviert dieses Körpererleben.

Wenn die der Teilpersönlichkeit innewohnenden Qualitäten wachgerufen werden, können sie im täglichen Leben durch Handeln geübt und weiter unterstützt werden. Die neue Qualität kann auch dadurch verstärkt werden, daß sie in regelmäßiger Meditation kontempliert wird.

Es folgen fünf Beispiele, die deutlich machen, wie unterschiedlich verborgene Qualitäten der Teilpersönlichkeiten sich darstellen können.

Beispiel Eins: Gerdas Geschichte

Name der Teilpersönlichkeit:

Die Ohnmächtige.

Wann und wo im täglichen Leben kommt sie vor?

Dann, wenn ich etwas erzähle oder gemacht habe und es „zunichte gemacht“, heruntergespielt oder heruntergemacht wird.

Was spürst Du im Körper und welche Gefühle nimmst Du wahr?

Der ganze Kopf ist voller Gedanken zur „Sache“, meine Fäuste sind schlaff und aus Gummi, ich fühle mich ohnmächtig und sprachlos.

Wovor schützt sie Dich?

Keine Antwort.

Was sind ihre verrückten, gegenteiligen und zurechtgerückten Qualitäten?

Ver-rückte Qualitäten	**Gegenteilige Qualitäten**	**Verborgene Qualitäten**
Ich habe kein Recht auf eine eigene Meinung	Die anderen haben keine eigene Meinung	Ich habe eine Meinung, du hast eine Meinung, und beides sind Meinungen
Ich bin wertlos	Ich bin wertvoll	Ich bin

Ich möchte mein Gegenüber schütteln, damit es mich wahrnimmt	Ich schüttle mein Gegenüber, damit es mich wahrnimmt	Ich nehme mich wahr
Ich traue mir gar nichts zu	Ich traue mir alles zu	Ich darf mir etwas zutrauen
Der ganze Kopf schwirrt von Gedanken zur Sache, sie können sich aber nicht artikulieren	Ich verwerte alle Gedanken auf mein Gegenüber	Es sind alle „facts“ da, ich kann mich ihrer bedienen
Meine Fäuste sind aus Gummi	Meine Fäuste sind Eisenfäuste	Ich habe Fäuste, und ich kann sie, wenn nötig, einsetzen
Ich bin ohnmächtig	Ich bin all-mächtig	Ich kann Befehle erteilen oder ausführen
Ich bin sprachlos	Ich bin wortgewaltig	Ich kann die Sprache einsetzen
Ich habe keine Chance gegen „die Großen“	Ich bin stärker als sie	Und wenn ihr auch größer und stärker seid: Ich habe auch meinen Wert

Wie ist es, wenn Du diese verborgenen Qualitäten in Dir lebst?

Ich fühle mich in mir ruhend, akzeptiert, aus der Mitte heraus handelnd und dort unangreifbar.

Wie wirkt sich das auf Deine Beziehung, Deine Familie und Dein Umfeld aus?

Ich muß als eigener Mensch wahrgenommen werden Das weiß ich aus Erfahrung: wenn sich bei mir wirklich etwas geändert hat, ändert sich auch das Gegenüber!

Ich habe übrigens jetzt gemerkt, daß ich fast nur bei meinem Vater und bei meinem Mann in diese Rolle falle, sind das Autoritätspersonen?

Beispiel Zwei: Georgs Geschichte

Name der Teilpersönlichkeit:

Der Führer, der Leiter.

Wann und wo im täglichen Leben kommt sie vor?

In Situationen, wo ich nicht in Kontrolle bin, in einer Gruppe, wenn ich „nur“ Teilnehmer bin. Wenn ich Widerspruch erkenne, jemand anderer Meinung ist und etwas anderes will als ich, beim Gefühl der Ohnmacht, nicht geliebt zu werden.

Was spürst Du im Körper und welche Gefühle nimmst Du wahr?

Angespannt, verkrampft (im Bauch), es ist heiß, ich schwitze, Herzklopfen.

Wovor schützt sie Dich?

Sie schützt mich davor, mich auf unvorbereitete Situationen einzulassen, Fehler zu machen, sie bewahrt mich vor Bloßstellung.

Was sind ihre ver-rückten, gegenteiligen und verborgenen Qualitäten?

Ver-rückte Qualitäten	**Gegenteilige Qualitäten**	**Verborgene Qualitäten**
Klare Vorstellungen	verschwommene Vorstellungen	gemeinsamer Weg
Aggression	Passivität	überlegte Aktivität
Sturheit (Kopf)	Unbestimmtheit	offen sein und trotzdem einen klaren Standpunkt einnehmen (Ich-Sprache)
Durchsetzend	unterordnend	gemeinsam, Integration beider Vorstellungen

Wie ist es, wenn Du diese verborgenen Qualitäten in Dir lebst?

Keine Antwort.

Wie wirkt sich das auf Deine Beziehung, Deine Familie und Dein Umfeld aus?

Keine Antwort.

Beispiel Drei: Wolfgangs Geschichte

Name der Teilpersönlichkeit:

Die Autoritätsangst.

Wann und wo im täglichen Leben kommt sie vor?

Sie erscheint im Geschäftsleben, in Kursen, bei der Polizei und bei Begegnungen mit Menschen, die eine natürliche Autorität ausstrahlen. Sie tritt dort auf, wo eine scheinbar einseitige Abhängigkeit besteht, z.B. gegenüber meinem Chef oder gegenüber gewissen Auftraggebern; auch dort, wo ein gewisses Rollenverhalten erwartet wird (meine eigene Erwartung), z.B. im vornehmen Restaurant gegenüber dem Chef de Service, als Kursteilnehmer gegenüber dem/r Kursleiter/in. Sie tritt auch bei Begegnungen mit Leuten auf, die eine starke Sicherheit und Kompetenz ausstrahlen.

Was spürst Du im Körper und welche Gefühle nimmst Du wahr?

Sie behindert mich, sie blockiert mich. Ich spüre Angst, sie trennt mich von meiner Kreativität.

Wovor schützt sie Dich?

Ursprünglich erkaufte ich mir damit „Liebe“ und Anerkennung.

Was sind ihre ver-rückten, gegenteiligen und verborgenen Qualitäten?

Ver-rückte Qualität	**Gegenteilige Qualität**	**Verborgene Qualität**
Angepaßt	ausgeflippt	Individualität
Meinungslos	Alleswisser	eigene Meinung, kritisch
Förmlichkeit	Formlosigkeit	meine eigene Form

Loyalität	Treulosigkeit	Eigenständigkeit, Abgrenzung
Steif	plump	beweglich
Ja-Sager	Nein-Sager	meine Meinung

Wie ist es, wenn Du diese verborgenen Qualitäten in Dir lebst?

Der Körper reagiert mit Enge, der Atem steigt in die Brust, mein Hintern preßt sich zusammen.

Wie wirkt sich das auf Deine Beziehung, Deine Familie und Dein Umfeld aus?

Keine Antwort.

Beispiel Vier: Christas Geschichte

Name der Teilpersönlichkeit:

Die Frau, die gefallen möchte und alles kann, „die Superfrau".

Wann und wo im täglichen Leben kommt sie vor?

Sie tritt oft im Privatleben auf. In Gesellschaft mit fremden Menschen, dort, wo ich mich einbringen sollte, oder mit Menschen, welche mir noch nicht so vertraut sind, auch dort, wo viele Menschen um mich sind und ich Mittelpunkt bin, z.B. als Gastgeberin. Sie hilft mir, mich einzubringen, ist eine Art von Kommunikationshaltung, macht andere Menschen auf mich aufmerksam, gibt mir Bewunderung und Anerkennung. Sie hindert mich oft, mich selbst zu sein mit

Menschen, dort, wo dies möglich wäre, die mich akzeptieren, so wie ich bin. So ist sie manchmal hinderlich für echte, tiefe, nahe Beziehungen. Sie braucht viel Energie und Aufmerksamkeit und Aufwand.

Was spürst Du im Körper und welche Gefühle nimmst Du wahr?

Sie behindert mich, sie blockiert mich. Ich spüre Angst, sie trennt mich von meiner Kreativität.

Wovor schützt sie Dich?

Sie schützt mich vor Blöße, vor Fehlern, vor Unvermögen.

Was sind ihre ver-rückten, gegenteiligen und verborgenen Qualitäten?

Ver-rückte Qualitäten	**Gegenteilige Qualität**	**Verborgene Qualitäten**
Über-kommunikativ	verschlossen	aufgeschlossen
Edel	verrucht	lebendig
Wissend, gescheit	dumm, naiv	wahrnehmen, spüren
Arrogant	fehlerhaft, unterwürfig sein	mich selbst, menschlich sein

Wie ist es, wenn Du diese verborgenen Qualitäten in Dir lebst?

Dann würde ich dieser Teilpersönlichkeit nicht mehr bedürfen. Die Beziehung mit Umwelt und Freunden wäre viel bauchnaher. Ich wäre nicht mehr die bewunderte Frau auf dem Podest, unberührbar und unantastbar, sondern die

Menschen würden eher auf mich zukommen und mich in die Arme nehmen, sprich, ich bekäme dann, was ich suche: Wärme, Liebe, etc. Das Gefühl im Körper ist eine Verbindung von Bauch und Herz. Diese Teilpersönlichkeit bewirkt genau das Gegenteil von dem, was ich wirklich brauche.

Wie wirkt sich das auf Deine Beziehung, Deine Familie und Dein Umfeld aus?

Keine Antwort.

Beispiel Fünf: Evas Geschichte

Name der Teilpersönlichkeit:

Die Jammertante.

Wann und wo im täglichen Leben kommt sie vor?

Sie kommt oft im Geschäft vor, wenn alle von mir erwarten, daß ich ihre Arbeit zuerst erledige; oder dann, wenn ich nicht die nötige Ruhe oder die notwendigen Hilfsmittel für meine Arbeit habe. Ich schimpfe und jammere dann. Oder wenn mein Freund von mir als „emanzipierte Partnerin“ erwartet, daß ich die Gartenarbeit oder Handwerkerarbeit genauso gut wie er leiste. Immer dann, wenn ich weiß, daß ich „soll“. Es sind also immer Autoritätspersonen, die von mir etwas verlangen oder erwarten, oder ich erwarte etwas von ihnen. Die Teilpersönlichkeit nützt mir, indem ich passiv bleiben kann und die Verantwortung auf Personen oder Umstände abschieben kann. Sie behindert mich aber auch, da ich nicht mehr mit kühler Überlegung die Aufgabe von mir weisen oder akzeptieren kann.

Was spürst Du im Körper und welche Gefühle nimmst Du wahr?

Die Energie geht aus dem Körper in den Hals, in dieses Jammern und Reklamieren. Oft bin ich „außer mir".

Wovor schützt sie Dich?

Sie schützt mich vor Überforderung und zu großen Anforderungen der anderen.

Was sind ihre ver-rückten, gegenteiligen und verborgenen Qualitäten?

Ver-rückte Qualitäten	**Gegenteilige Qualitäten**	**Verborgene Qualitäten**
Schimpfen, jammern	schweigen	kommunizieren
Abwehr	alles aufnehmen	offen sein
Unfähig sein	alles können	handeln
Rebellion	Anpassung	souverän
Fordernd	anspruchslos	Wunsch
Keine Verantwortung übernehmen	überverantwortlich	verantwortlich
Unabhängig	abhängig	selbständig
Überfordert	unterfordert	handlungsfähig
Verweigerung	sich ziehen lassen	entscheidungsfähig

Wie ist es, wenn Du diese verborgenen Qualitäten in Dir lebst?

Der Körper wird müde, der Rücken gerade und steif, die obere Brustwirbelsäule versteift, ich nehme eine aufrechte, etwas steife Haltung an. Wenn ich die dahinterliegenden Qualitäten lebe, bin ich offen für die Anforderungen der anderen, kann selbständig entscheiden, was ich tun kann und will und verantwortlich handeln oder kommunizieren und offen meine Gründe für mein Nichttun oder meine eigenen Anforderungen darlegen. Ich werde dann von den anderen besser verstanden und akzeptiert. Ich kommuniziere auf der gleichen (Verstandes-)Ebene wie sie, anstatt nur aus den Gefühlen heraus. Wenn ich entscheide, was ich tun will, werde ich mich selber nicht mehr so überfordern. Der Berg von „Ich sollte doch ...“ wird verschwinden.

Wie wirkt sich das auf Deine Beziehung, Deine Familie und Dein Umfeld aus?

Keine Antwort.

VERTIEFUNG DER TEILPERSÖNLICHKEITSARBEIT

Die Grundtendenzen zur Bildung von psychodynamischen Strukturen werden meist in den pränatalen und Kindheitsentwicklungsphasen gelegt. Als ursprüngliche Formierungen in der Psyche werden sie durch Traumata und wiederholte Reaktionen auf bestimmte Handlungen hervorgerufen und verstärkt.

Die Konsolidierung und Kristallisierung von Charakterzügen und Eigenschaften führt zur Struktur von komplexen Teilpersönlichkeiten, die sich im gegenwärtigen Leben ausdrücken. In jeder frühen Entwicklungsstufe werden die entscheidenden Grundlagen für komplexe Muster des späteren Lebens gelegt.

Eine Psychotherapie setzt meistens mit der Arbeit an den Teilpersönlichkeiten an, so wie sie sich gegenwärtig zeigen. Diese Arbeit kann zu einer tiefgreifenden Verhaltensänderung sich selbst und anderen gegenüber führen. Wenn die Fähigkeiten des Beobachtens und der Disidentifikation geübt werden, können das „Selbst" und die Teilpersönlichkeiten bewußter wahrgenommen werden. Sind die Qualitäten liebevoller Zuwendung und Akzeptanz leichter zugänglich geworden, kann die Teilpersönlichkeitsarbeit vertieft werden, um frühe psychodynamische Strukturen aufzudecken und zu transformieren.

Es ist wichtig, sich diesen frühen Strukturen, in denen eine Palette von Gefühlen, oft bis hin zu tiefstem Schmerz gehalten wird, mit großer Behutsamkeit zu nähern. Es handelt sich hier um einen sich organisch aufbauenden Prozeß, die Strukturen, zum richtigen Zeitpunkt zu verändern, d.h. wenn diese Strukturen dazu bereit sind, zu unterstützen. Jede Person folgt in ihrem Wachstumsprozeß einem ihr innewohnenden Rhythmus des Ganzwerdens. Der Therapeut wird sich auf diesen Rhythmus einstellen, ihn nicht forcieren oder vergewaltigen. Wenn der unterliegende individuelle Rhythmus deutlich wird, kann sich ein Vertrauen darauf aufbauen und vertiefen, daß sich zum richtigen Zeitpunkt die Strukturen organisch öffnen werden und die Persönlichkeit in der Lage sein wird, damit verbundene Emotionen zu befreien und auszuhalten.

Dieser Zustand der Öffnung und des Verwundbarseins braucht liebevolle Akzeptanz, um den Schmerz mit einer Qualität der Liebe zu durchdringen, bis der Schmerz sich möglicherweise in einen heilenden Schmerz verwandelt hat. Es ist ein großer Unterschied, ob ich immer wieder in alten Schmerz zurückgehe oder ob ich mich ihm liebevoll und verständnisvoll zuwende. Akzeptanz als ein Akt der Liebe, ist Transformation. Akzeptanz kann aber auch heißen, sich einzugestehen, daß liebevolle Zuwendung noch nicht möglich ist.

Das setzt ein vertieftes Verstehen und Wissen um das „Selbst" als die innere Quelle voraus, die durch die Person fließen will und zu Wachstum, das heißt zu ständiger Transformation, anregt.

DAS „INNERE KIND"

Die Arbeit mit dem „Inneren Kind", wie sie in den nächsten Kapiteln an Beispielen aus der autistisch-symbiotischen und praktizierenden Phase aufgezeigt wird, kann durch alle Phasen der Kindheitsentwicklung fortgesetzt werden. Traumata, die sich über eine längere Kindheitsphase hin ereigneten, z.B. emotionaler oder körperlicher Mißbrauch und Inzest, brauchen intensive Zuwendung der Liebe und Geduld, um die Freude und Kreativität des „Inneren Kindes“ wieder zu ermöglichen.

Die praktische Arbeit mit der Technik der Teilpersönlichkeiten macht deutlich, daß sich tiefe Traumata, wenn sie nach und nach liebevoll akzeptiert werden können, der Transformation öffnen. Das „Innere Kind“ ist eine der Mitte nahestehende psychodynamische Struktur der individuellen Psyche. Kreativität und Freude gehören zu seinen verborgenen Qualitäten. Die Arbeit mit dem „Inneren Kind“ ist eine der Hauptaufgaben in der Therapie.

DIE „INNEREN ELTERN“

Auch wenn die Kreativität des „Inneren Kindes“ in den verschiedensten Stufen von der frühen pränatalen Entwicklung bis hin zur Pubertät durch Traumata gelitten hat, kann sie in allen Phasen bewußt wieder zugänglich gemacht werden. In diesem Prozeß können die kristallisierten psychodynamischen Strukturen der „Inneren Mutter“ und des „Inneren Vaters“ oder anderer früher Bezugspersonen Hindernisse und gleichzeitig auch Wachstumsstufen auf dem Wege der Wiederentdeckung dieser Kreativität des „Inneren Kindes“ sein. Die „Inneren Eltern“ stehen möglicherweise dem Heilwerden des „Inneren Kindes“ zunächst noch im Wege.

Deshalb ist Teilpersönlichkeitsarbeit sowohl mit dem „Inneren Vater“ als auch mit der „Inneren Mutter“, die beide oftmals das „Innere Kind“ nicht annehmen können, so, wie es ist, notwendig. Sollten beide Teilpersönlichkeiten nicht wandlungsfähig sein, das heißt, die inneren Bilder ändern sich nicht in ihrer Einstellung zum „Inneren Kind“, kann die Person die Ersatzrolle als „Innere Mutter“

oder „Innerer Vater“ übernehmen. Die verinnerlichte Dreierbeziehung zwischen Kind, Mutter und Vater bedarf der Transformation. Daraus kann sich das „Innere Kind“ in einer neuen inneren Umgebung Sicherheit, Geborgenheit, Stimulierung und Kreativität erlauben.

Diese neue innere Umgebung, in der das „Kind“ gesunden kann, eröffnet dem Verhalten des Erwachsenen eine neue Perspektive. Dies wirkt sich auf seine individuelle Psyche als Ganzes aus und strahlt aus auf seine Umwelt. In anderen Worten: In der Gegenwart wird die alte Vergangenheit des Kindes liebevoll angenommen und eine parallele Vergangenheit neu aufgebaut.

Da sich aus der Vergangenheitskonditionierung des „Inneren Kindes“ die Zukunftsrichtung bestimmt, kann für den Erwachsenen beim (nachträglichen) Aufbau einer parallelen Vergangenheit eine neue Zukunftsrichtung bestimmend werden.

ENTWICKLUNGSSTUFEN UND TEILPERSÖNLICHKEITSARBEIT

Die frühen kindlichen Entwicklungsstufen können bewußt gemacht werden, indem systematisch mit ihnen gearbeitet wird.

	Pränatale Phase
1 - 2 Monate	*Autistische Phase*
2 - 6 Monate	*Symbiose*
6 - 10 Monate	*Individuation, Differenzierung*
10 - 15 Monate	*Praktizieren*
15 - 22 Monate	*Annäherung*
22 - Monate	*Objektkonstanz, Konsolidierung*
	(Mahler, 1986)

Es werden im Folgenden zwei der o.g. Entwicklungsphasen exemplarisch vorgestellt, um die Möglichkeiten vertiefter Teilpersönlichkeitsarbeit aufzuzeigen. Die Beispiele der ersten Übung machen bewußt und lassen erkennen, welche Umstände und Reaktionen durch ein bestimmtes Verhalten in der autistischen und symbiotischen Phase hervorgerufen werden können. Die Beispiele der zweiten Übung wollen die Phase des Praktizierens erforschen.

In beiden Übungen ist Erkennen der erste Schritt. Die durch äußere Umstände in den frühen Entwicklungsphasen hervorgerufenen Reaktionen und Symptome können den Weg der Heilung aufzeigen. Wenn dieser Weg sichtbar geworden ist, kann eine Technik des Übens entwickelt werden. Durch Wiederholung bewirkt sie Veränderung alter Gefühle der Vergangenheit, was sich auch verändernd auf das gegenwärtige Verhalten auswirkt. Das heißt: Die

Symptome und Muster früh erlebter Traumata und konditionierter Verhalten können durch Wiederholung und üben verändert werden.

Dies wird möglich, wenn der Beobachter Schmerz und Erlittenes, das in den psychodynamischen Strukturen festgehalten ist, annehmen und akzeptieren kann. Dazu bedarf es eines geübten Beobachters und einer Identifikation mit dem „Selbst", d.h. das „Selbst" ist bereit, sich diesem frühen Schmerz und Leid im Kind zuzuwenden, es wahrzunehmen und ihm liebevolle Sicherheit zu geben. Es ist kein einfacher Schritt, sich einem verletzten, wütenden oder leidenden Teil liebevoll zuzuwenden. Aber diese Liebe und Achtung erlauben eine tiefe innere Heilung. In einem solchen Prozeß drückt sich dann Liebe und innere Akzeptanz auch im Umgang mit den Mitmenschen aus. Wenn eine psychodynamische Struktur liebevoll angenommen wird, kann sich diese lösen und weicher werden. Aufgestaute Emotionen können durch liebevolles Annehmen wieder in Fluß kommen. Dann kann durch den Prozeß des Wiederholens eine andere, mit der Persönlichkeit kooperierende Struktur aufgebaut werden, durch die Kreativität fliessen kann.

Zu diesem Umwandlungsprozeß braucht es liebevolle Geduld. Wenn diese Strukturen verändert worden sind, können sie aus der fokussierten Aufmerksamkeit wieder ins Unbewußte zurückkehren. Ihre veränderte Haltung und Ausdrucksweise sind jetzt in die Persönlichkeit integriert worden.

AUTISTISCH-SYMBIOTISCHE PHASE

Die autistisch-symbiotische Phase wird in der Erinnerung wiedererweckt, eingeleitet durch eine innere Einstimmung und durch

Anleitung. Es ist ein intensiver innerer Prozeß, der tiefe Emotionen weckt. Durch liebevolle Annahme können sie in einen Heilungsprozeß verwandelt werden, indem die Bedürfnisse des „Inneren Kindes“ erfüllt werden. Die Person erarbeitet ihren eigenen Heilungsprozeß des „Inneren Kindes“, der durch Repetition und öftere Anwendung verstärkt wird.

Diese Übung arbeitet gezielt mit der autistisch-symbiotischen Phase (1.-6. Monat), um die Grundmuster der Persönlichkeit, die dort ihren Ursprung haben, zu entdecken und die darin gehaltenen Gefühle und Emotionen zu befreien, zu leben und zu transformieren. Die Person wird ermächtigt, ihren Heilplan zu entwickeln und anzuwenden. Sie übernimmt damit Verantwortung für das eigene Wachstum.

Diese Arbeit mit den frühen Enwicklungsphasen kann systematisch durch alle Phasen erfolgen, d.h. die wichtigsten Persönlichkeitsstrukturen von ihrem Ursprung her erfassen, liebevoll akzeptieren und transformieren. Die Klienten tragen die Information für den eigenen Heilungsprozeß in sich. Es ist die Arbeit der therapeutischen Begleitung, diesen liebevoll zu unterstützen und auf den Rhythmus der Klienten einzugehen. Heilen, das heißt, in der Kindheit unerfüllt gebliebene Bedürfnisse zu erfüllen, kann nur die Person selbst nachholen. Wenn es nicht dazu kommt, werden solche unerfüllten Bedürfnisse immer wieder nach außen auf Bezugspersonen projiziert, von denen sie jedoch nie zufriedenstellend erfüllt werden können.

In der autistischen und symbiotischen Phase der Kindheit wurden die Erfahrungen im Körperempfinden verankert, d.h. sie können über das Körperempfinden transformiert werden. Es scheint, daß jede Zelle diese Erinnerungen in sich trägt und damit können sie aus den Zellen auch wieder befreit werden.

Bitte schließe die Augen, atme tief ein und aus und laß Dich durch die Jahre zurücktragen. Laß Dich vom Körpergefühl bis zu der Zeit zurücktragen, wo Du an der Brust der Mutter oder einer Bezugsperson lagst. Erlaube Dir, das zu spüren.

Vielleicht säugst Du gerade.

Was für Empfindungen ruft das hervor?

Was spürst Du? Angenehm oder unangenehm? Wie ist es, die körperliche Nähe der Bezugsperson oder Mutter zu spüren?

Läßt sie Dir Zeit?

Fühlst Du Dich sicher?

Bist Du zufrieden?

Bringe Dich langsam zurück. Spüre Deinen Körper, hole tief Luft, bevor Du die Augen öffnest.
Bestandsaufnahme.

Welche Empfindungen rufen welche Reaktionen hervor?

Welche Teilpersönlichkeit, die Du heute kennst, ist daraus entstanden?

Was müßte geschehen, damit Dein „Inneres Kind" sich anders fühlt?

Beschreibe genau die Technik und Methode, die Du anwenden wirst.

Beispiel Eins: Hannelore

Laß Dich spüren, wie Du an der Brust liegst.

Herzklopfen, Angst vor der Übung. Spüre wenig, Unlust am Bild, das entsteht.

Vielleicht bist Du gerade am Saugen?

Habe keine spezielle Lust zu saugen, spucke Brust raus.

Was für Empfindungen ruft das hervor?

Unwillen, Ekel vor Milch, Körperlichkeit der Mutter.

Was spürst Du? Angenehm oder unangenehm?

Fades Gefühl, Ablehnung.

Wie ist es, die körperliche Nähe der Bezugsperson oder der Mutter zu spüren?

Habe kein Bedürfnis nach körperlicher Nähe der Mutter.

Läßt sie Dir Zeit?

Sie drängt mich nicht, interessiert sich auch nicht für mich. Hält mich nicht.

Fühlst Du Dich sicher?

Weder noch.

Bist Du zufrieden?

Spüre leise Sehnsucht nach Geborgenheit, aber nicht von ihr.

Bringe Dich langsam zurück. Spüre Deinen Körper, hole tief Luft bevor Du die Augen öffnest.
Bestandsaufnahme.

Ich verspüre keinen Hunger, bin nicht stimuliert, aufgefordert, zu trinken. Ich lehne die Mutter ab, ihre Körperlichkeit.

Welche Empfindungen rufen welche Reaktionen hervor?

Ich esse oft ohne Hunger zu haben, nur um des Essens willen, zuviel. Ich habe kein natürliches Maß im Eßverhalten und höre nicht auf den Körper. Ich habe Mühe, Fraulichkeit äußerlich zu zeigen und bin in Ablehnung von betont Mütterlichem.

Welche Teilpersönlichkeit, die Du heute kennst, ist daraus entstanden?

Die, die Sehnsucht nach Hingabe und Gehaltenwerden hat, dies gleichzeitig nur bedingt zuläßt und nicht zu geben vermag, d.h. nur wenn Umarmung ganz echt ist.

Was müßte geschehen, damit das „Innere Kind“ sich anders fühlt?

Liebevolles Umfassen durch mich, streicheln, zärtliches Sprechen, das Kind erfahren lassen, daß es da ist. Augenkontakt während des Trinkens.

Beschreibe genau die Technik und Methode, die Du anwenden wirst.

Eine Umarmung genießen lernen, Sinnlichkeit üben, z.B. Wind auf der Haut bewußt erleben. Langsam, genußvoll und störungsfrei essen.

Hannelore erkennt klar, daß sie als Säugling Ekel vor der Milch und der Körperlichkeit der Mutter entwickelte. Aus diesem frühen, sich wiederholenden Erlebnis haben sich die grundlegenden psychodynamischen Strukturen der sie maßgeblich bestimmenden Teilpersönlichkeiten gebildet. So fällt es ihr beispielsweise schwer, ihren Körper wahrzunehmen oder ihre Fraulichkeit zeigen. Sie lehnt Mütterliches ab und kennt in ihrem Eßverhalten kein natürliches Maß. Andererseits hat sie in ihrem momentanen Leben eine tiefe Sehnsucht nach Hingabe und Gehaltenwerden, obwohl sie dies sich kaum erlauben kann.

Der nächste Schritt wäre für Hannelore, einzuüben, die Mutterrolle bei ihrem „Inneren Kind" selbst zu übernehmen. Sie könnte in ihrer Vorstellung das Kind zwei bis dreimal täglich liebevoll umfassen, streicheln und zärtlich mit ihm sprechen, während des Trinkens Augenkontakt mit ihm halten. Wenn diese Übung immer wiederholt wird, kann das „Innere Kind" an der Brust ganz neue, positive Gefühle entwickeln. Hannelore kann aus ihrem inneren Wissen heraus die Transformation der kindlichen Gefühle spüren und sieht, wie dies ihr Leben entscheidend beeinflussen und verändern könnte: Sie könnte z.B. Umarmungen und Genießen zulassen, lernen, langsam, genußvoll und störungsfrei zu essen und ihre Sinnlichkeit erleben.

Beispiel Zwei: Dieter

Lasse Dich spüren wie Du an der Brust liegst.

Mir wird im ganzen Körper mollig warm.

Vielleicht bist Du gerade am Saugen?

Ich bin kräftig am Saugen und nehme Nahrung auf.

Was für Empfindungen ruft das hervor?

Ich fühle mich ruhig und geborgen.

Was spürst Du? Angenehm oder unangenehm?

Nach dem Trinken fühle ich mich angenehm müde.

Wie ist es, die körperliche Nähe der Bezugsperson oder der Mutter zu spüren?

Es gibt mir Ruhe und Geborgenheit, meine Mutter zu spüren.

Läßt sie Dir Zeit?

Ich spüre, daß ich sehr viel Zeit habe. Es gibt so ein Gefühl von aufgehobener Zeit.

Fühlst Du Dich sicher?

Ich fühle mich sehr sicher und beschützt.

Bist Du zufrieden?

Ich bin zufrieden und glücklich.

Bringe Dich langsam zurück. Spüre Deinen Körper, hole tief Luft bevor Du die Augen öffnest.
Bestandsaufnahme.

Ich durfte eine wunderbare Zeit in der autistischen Phase erleben, mit viel Sinnlichkeit und angenehmen Körpergefühlen.

Welche Empfindungen rufen welche Reaktionen hervor?

Wenn ich mich heute gesättigt und geborgen fühle, fühle ich mich sicher und ruhig und werde müde.

Welche Teilpersönlichkeit, die Du heute kennst, ist daraus entstanden?

Aus dieser Zeit stammen die beiden Teilpersönlichkeiten: der Genießer und der Faulenzer.

Was müßte geschehen, damit Dein „Inneres Kind" sich anders fühlt?

Ich genieße und fühle mich wohl.

Beschreibe genau die Technik und Methode, die Du anwenden wirst.

Ich möchte mir dieser zwei Teilpersönlichkeiten noch bewußter werden, indem ich das Essen bewußt genieße und mir auch die Müdigkeit zugestehen kann.

Dieter erkennt, daß seine Erfahrungen an der Mutterbrust zufriedenstellend und sehr sinnlich waren. Er fühlte sich gesättigt und geborgen, sicher und ruhig. Die Teilpersönlichkeiten, die aus diesem frühen Kindheitserlebnis heraus entstanden sind, scheinen keiner Veränderung zu bedürfen. Er kann den „Genießer" und „Faulenzer" sehr gut einordnen.

Beispiel Drei: Kurt

Laß Dich spüren wie Du an der Brust liegst.

Ich bin eine Frühgeburt, nicht ganz sieben Monate. Alles, was ich sehen kann, ist Rotlicht in einem abgedunkelten Raum.

Vielleicht bist Du gerade am Saugen?

Keine Ahnung. Ich bin steril abgesichert und allein.

Was für Empfindungen ruft das hervor?

Alles scheint so faktisch. Keine Gefühle.

Was spürst Du? Angenehm oder unangenehm?

Ich spüre nichts.

Wie ist es, die körperliche Nähe der Bezugsperson oder der Mutter zu spüren?

Es gibt keine Bezugsperson. Beim Gedanken an körperliche Nähe erscheint als erstes das Gesicht meines Großvaters über meinem Kinderbettchen (Alter ca. 6 Monate).

Läßt sie Dir Zeit?

Ich kann dazu nichts sagen.

Fühlst Du Dich sicher?

Mein ganzes Leben hindurch zieht sich als roter Faden das „Verlassenwerden". Von Sicherheit kann keine Rede sein.

Bist Du zufrieden?

Ich kann dazu nichts sagen, da ich nichts fühle.

Bringe Dich langsam zurück. Spüre Deinen Körper, hole tief Luft bevor Du die Augen öffnest.
Bestandsaufnahme.

Betrachte ich mein Leben, so zieht sich das Verlassenwerden bzw. Alleingelassenwerden wie ein roter Faden durch alles hindurch. Das ist keine Anklage, sondern eine Feststellung, die sich faktisch belegen läßt, die Leute gingen weg oder starben.

Ich hatte immer Mühe, enge, gefühlsbetonte Beziehungen zu schaffen. Zu große Nähe machte mir Angst und überforderte mich stets, Grenze heißt für mich immer auch Distanz und nicht etwa Nachbarschaft. Bindung an jemanden war für mich eher eine Pflichtübung als eine Herzensangelegenheit.

Mutter ist für mich ein Wort mit sechs Buchstaben. Ein richtiges Körpergefühl habe ich bis heute nicht entwickelt. Ganz dumpf und weit weg ist ein Gefühl vorhanden, zu kurz gekommen zu sein. Ein Urvertrauen fehlt. Wenn Vertrauen vorhanden ist, so ist es erarbeitet. Ich habe starke, diffuse Lebens- und Existenzangst. Eine echte und tiefe Herzensbindung ist mir erst mit meiner jetzigen Partnerin gelungen, die bezeichnenderweise nie mit Vorstellungen und Forderungen an mich herantrat, sondern mir meinen eigenen Rhythmus und meine Freiheit ließ. Sie ist von großer Güte und Friedfertigkeit, die nicht geschenkt, sondern eingeübt sind.

Welche Empfindungen rufen welche Reaktionen hervor?

Das Alleinsein, Verlassensein produziert Angst, Mißtrauen und fehlendes Körpergefühl. Außerdem orte ich hier meine frühere Fress- und Schlingsucht.

Welche Teilpersönlichkeit, die Du heute kennst, ist daraus entstanden?

Der Funktionalist funktioniert und achtet auf die Einhaltung von Grenzen. Er ist kalt, mißtrauisch, egozentrisch und diszipliniert. Der Einzelgänger kann sehr gut allein sein.

Was müßte geschehen, damit Dein „Inneres Kind" sich anders fühlt?

Physische Zuwendung ohne Grenzverletzung.

Beschreibe genau die Technik und Methode, die Du anwenden wirst.

Ich kann weiter nichts tun, als mein Kleinkind jeden Tag in die Arme zu nehmen und ihm zu sagen: Ich bin Deine Mutter. Das Mißtrauen, die Kälte aushalten und annehmen. Ich benütze dafür eine Puppe (mit warmem Platz auf dem Kanapee). Ich setze ein Puzzle zusammen. Da gibt es beschädigte Stücke, es fehlen manche, aber es ist das Bild meines Kindes, das entsteht. Ich zeichne es, gebe ihm Gestalt. Heute hole ich mir auch selber Wärme, wenn ich welche brauche.

Kurt nimmt seine Einsamkeit und die Abwesenheit von Bezugspersonen deutlich wahr. Als Frühgeburt ist ihm Berührung fast unbekannt. Dieses tiefe Gefühl des emotionalen und körperlichen Alleinseins prägt sein ganzes späteres Leben als Erwachsener. Er erkennt, daß sich dieses Muster des Verlassenwerdens und Alleinseins ununterbrochen wiederholt. Sein tägliches Leben ist auf einer tiefen Lebens- und Existenzangst aufgebaut, die sich durch Angst, Mißtrauen und fehlendes Körpergefühl ausdrückt. In seiner Psyche hat sich ein „Funktionalist", wie er ihn nennt, herausgebildet, ein „Einzelgänger", der gut alleine sein kann. Dieters Weg zum Ganzwerden wird wohl seine lebenslange Aufgabe sein.

Beispiel Vier: Rita

Laß Dich spüren wie Du an der Brust liegst.

Ich spüre, wie ich wahnsinnig Hunger habc und eine Spannung im Körper habe.

Vielleicht bist Du gerade am Saugen?

Ich bin bei der Brust meiner Mutter und kann die Brustwarze nicht finden, und vor lauter Hunger wird es immer schlimmer.

Was für Empfindungen ruft das hervor?

Ich habe Hunger, und ich kann meine Bedürfnisse nicht befriedigen, ich bin sehr ungeduldig.

Was spürst Du? Angenehm oder unangenehm?

Ich spüre einen großen Drang, es ist sehr unangenehm, Hunger zu verspüren.

Wie ist es, die körperliche Nähe der Bezugsperson oder der Mutter zu spüren?

Die körperliche Nähe zu spüren gibt mir Geborgenheit. Ich weiß, daß ich von dieser Brust etwas bekomme, das mich beruhigen wird.

Läßt sie Dir Zeit?

Als ich die Brustwarze gefunden habe, trinke ich gierig und verschlucke mich in den Anfängen fast, da ich Angst habe, ich bekomme nicht genug. Später habe ich viel Zeit, ich muß mich nicht mehr beeilen.

Fühlst Du Dich sicher?

Ich fühle mich getragen von meiner Mutter, wohl und sicher.

Bist Du zufrieden?

Ich bin gesättigt und zufrieden und müde.

Bringe Dich langsam zurück. Spüre Deinen Körper, hole tief Luft bevor Du die Augen öffnest.
Bestandsaufnahme.

Ich hatte so großen Hunger und fand die Brust nicht. Ich hatte Angst, meine „Befriedigungsquelle“ nicht zu finden.

Welche Empfindungen rufen welche Reaktionen hervor?

Angst, Hilflosigkeit, Suchen, Verzweiflung, Hunger.

Welche Teilpersönlichkeit, die Du heute kennst, ist daraus entstanden?

Die Ängstliche, Hilflose und die Suchende

Was müßte geschehen, damit Dein „Inneres Kind“ sich anders fühlt?

Hilfe der Mutter, das Kind früher zu stillen, damit es nicht so großen Hunger hat und Hilfe der Mutter, das Kind richtig an die Brust zu setzen, damit das Kind nicht so verzweifelt suchen muß.

Beschreibe genau die Technik und Methode, die Du anwenden wirst.

Ich nehme als innere Mutter mein Kind in meine Arme und nehme es häufig aus dem Bettchen und nehme es an meine Brust und helfe ihm, die Brust zu finden. Damit es nicht mehr so verzweifelt sein muß und Angst hat. Ich gebe dem Kind als innere Mutter Unterstützung und Hilfe, daß es saugen kann.

Rita hat zwar in der autistischen Phase Geborgenheit und körperliche Nähe erfahren. Doch bildete sich eine Grundstruktur der Ängstlichen und Hilflosen als Teilpersönlichkeit aus einem starken körperlichen Hungergefühl und der Angst, nicht genug Milch zu bekommen. Rita kann sehr klar erkennen, was sich im Verhalten der Mutter verändern müßte, um die kindlichen Bedürfnisse der Ängstlichen, Hilflosen und Suchenden zu befriedigen. Sie weiß, dass sie als Ersatzmutter ihres „Inneren Kindes“ lernt, mit ihm anders umzugehen und es nicht so lange warten läßt, indem sie ihm hilft, die nährende Brust zu finden. Sie wendet die Visualisierungstechnik, regelmäßig auf das „Innere Kind“ an, bis es sein Gefühl von Verzweifeltsein in Wohlbefinden umwandeln kann. Eine derartige, mit starken Körpergefühlen verbundene Veränderung sollte primär über den Körper geschehen, um die Urbedürfnisse des Kindes befriedigen zu können. Die Erwachsene kann dann dieses alte Verhalten loslassen.

Beispiel Fünf: Anneliese

Lasse Dich spüren wie Du an der Brust liegst.

Indifferentes Gefühl.

Vielleicht bist Du gerade am Saugen?

Ich habe fertig getrunken. Sehe die Brust, mein Mund liegt leicht geöffnet um die Brustwarze, sinke immer wieder in eine Art Dämmerzustand.

Was für Empfindungen ruft das hervor?

Kein bestimmtes Gefühl, Dämmerzustand, auch gefühlsmäßig. Spüre aber das Gefühl der Mutter, daß sie mit Stillen aufhören möchte, sie hat genug davon, zumal sie ja zwei (Zwillinge) gleichzeitig stillen muß.

Was spürst Du? Angenehm oder unangenehm?

Ein weder noch, weder angenehm noch unangenehm.

Wie ist es, die körperliche Nähe der Bezugsperson oder der Mutter zu spüren?

Liege zwar an der Brust der Mutter, spüre aber ihren Körper wie nicht. Beim Erleben einer körperlichen Beziehung habe ich keine sinnliche Erfahrung ihres Körpers.

Läßt sie Dir Zeit?

Sie läßt mir zwar Zeit, dennoch ist das Gefühl, ich sollte jetzt aufhören, das Gefühl gehetzt zu sein, ständig präsent.

Fühlst Du Dich sicher?

Weder sicher noch speziell unsicher.

Bist Du zufrieden?

Weiß nicht, was zufrieden heisst. Ein Gefühl von „ich bin satt“, das ist alles.

Bringe Dich langsam zurück. Spüre Deinen Körper, hole tief Luft bevor Du die Augen öffnest.
Bestandsaufnahme.

Es ist kein bestimmtes Gefühl mit diesem Erlebnis Mutterbrust verbunden, außer dem ständig präsenten Gefühl, meine Zeit sei jetzt um, die Mutter würde mich jetzt gerne weglegen. Keine Erfahrung von Körperlichkeit, Sinnlichkeit.

Welche Empfindungen rufen welche Reaktionen hervor?

Das Gefühl von Gehetztsein. Ich darf die Zeit der Mutter nicht länger beanspruchen als zum Trinken absolut notwendig ist.

Welche Teilpersönlichkeit, die Du heute kennst, ist daraus entstanden?

Die Gehetzte. Fühle mich eigentlich bei jeder meiner Tätigkeiten innerlich gehetzt, auch wenn äußerlich kein Grund dazu besteht. Verhaltensmuster: jedesmal, wenn ich Zeit von einem Anderen beanspruche, die Angst, der Andere habe genug von mir. Bin wachsam auf die kleinsten Anzeichen des Andern, ob er jetzt genug von mir hat, reagiere sofort darauf, indem ich dann aufhöre zu sprechen oder ihn sonst zu beanspruchen.

Was müßte geschehen, damit Dein „Inneres Kind" sich anders fühlt?

Es braucht Zeit, an der Mutterbrust zu liegen, auch wenn es schon fertig getrunken hat. Es möchte den Körper der Mutter weich und warm spüren, daß mit seinem eigenen Körper Kontakt aufgenommen wird, indem man mit ihm spielt, es streichelt.

Beschreibe genau die Technik und Methode, die Du anwenden wirst.

Imagerie: Ich halte mein „Inneres Kind", nachdem es getrunken hat, wiege es, spiele mit seinen Händchen und Beinchen, laß es mit meinen Händen, mit meiner Brust spielen, liebkose es, summe ihm Melodien, lasse ihm die

> Zeit, die es braucht. Ich bin selber in einem Zustand von Ruhe und Entspanntheit. In Phasen, wo mein „Inneres Kind“ munter ist, massiere ich sein Körperchen. Im Alltag als Erwachsene: Ich creme meinen Körper nach dem Duschen genußvoll ein. Ich habe bis jetzt mich nach dem Duschen nie eingecremt. Nachdem ich gegessen habe oder sonst etwas erlebt habe, habe ich eigentlich das Bedürfnis, eine Weile still zu sitzen und dem Erlebten nachzuspüren. Doch selten gestatte ich mir dieses Bedürfnis. Dies will ich mir nun gönnen.

Anneliese erfährt in ihrer autistischen Phase, wie sehr es ihre Mutter bedrängt, die Zwillinge stillen zu müssen. Ihr Erwachsenenleben ist tief geprägt von diesem Gefühl, keine Zeit zu bekommen und Platz machen zu müssen für jemand anderen. Daraus entstand ihr permanentes Gefühl, von anderen keine Zeit beanspruchen zu dürfen. Aus diesem frühen Gefühl in der autistischen Phase, nicht genügend Zeit zu bekommen, konnte das Kind nicht die Erlaubnis entwickeln, sein Körpergefühl wahrzunehmen. Es lernte statt dessen es zu verdrängen, seine Körpergefühle nicht wahrzunehmen. Gerade in dieser Lebensphase sollte die körperliche Sinnlichkeit voll erlebt werden, durch die Körpernähe der Mutter und das Gefühl genährt und gesättigt zu werden. Da Anneliese dies nicht erleben konnte, ist es für sie außerordentlich wichtig, die autistische Phase wieder zu erleben, um jetzt ihrem Inneren Kind den Zugang zur Sinnlichkeit erlauben zu können. Dadurch könnte auch die Erwachsene einen wirklichen Kontakt zu ihrer Sinnlichkeit entwickeln.

Diese in der Frühphase fehlenden Erlebnisse können über die Ebene des Visualisierens und der Körperempfindungen nacherlebt werden: Anneliese kann auf diesem Weg ihr „Inneres Kind“ wiegen, mit seinen Händchen und Beinchen spielen, ihm Melodien summen und ihm alle Zeit lassen, die es braucht. Sie kann visualisierend den kindlichen Körper liebevoll massieren, um ihm den Zugang zu seiner Sinnlichkeit zu weisen. Diese visualisierten Erlebnisse können in ihr Leben als Erwachsene integriert werden.

PRAKTIZIERENDE PHASE

In der praktizierenden Phase der Kindheit (10.-15. Monat), wenn das Kind laufen lernt, rücken Körperempfindungen gepaart mit Emotionen, Gefühlen wie Angst, Sicherheit und Freiheit in den Vordergrund. Die Arbeit mit den sich hier bildenden psychodynamischen Strukturen muß auf der Ebene ihres Ursprungs ansetzen. Da sie über Körpergefühle und Emotionen erkannt und bewußt werden, läuft der Heilungsprozeß auch über Körpergefühle und Emotionen. Diese Ebenen müssen deshalb direkt angesprochen werden, um die aufgestaute Erinnerung aus den Zellen zu befreien.

Bitte schließe die Augen und laß Dich zurückführen zu dem Moment in Deiner Kindheit, wo Du laufen lerntest.

Wo befindest Du Dich?

Wo ist Deine Mutter oder Bezugsperson?

Wie ist es, alleine zu stehen und zu laufen?

Welche Empfindungen löst das im Kind aus?

Wie fühlt sich das im Körper an?

Wie ist Dein Verhältnis zur Bezugsperson?

Bestandsaufnahme.

Welche Empfindungen rufen welche Reaktionen in Dir hervor?

Welche Teilpersönlichkeit, die Du heute kennst, ist daraus entstanden?

Was müßte geschehen, damit Dein "Inneres Kind" sich anders fühlt?

Beschreibe die Technik und Methode, die Du anwenden wirst.

Beispiel Eins: Anneliese

Wo befindest Du Dich?

Auf der Steinterrasse vor unserem Haus, die in unseren Garten führt. Der Stein ist kalt. Mein Bruder, mein Zwilling, kriecht am Boden, ich habe mich aufgerichtet und kann stehen.

Wo ist Deine Mutter oder Bezugsperson?

Abwesend, irgendwo im Haus.

Wie ist es, alleine zu stehen und zu laufen?

Ich habe kein eigenes körperliches Empfinden dafür, daß ich nun stehen kann.

Welche Empfindungen löst das im Kind aus?

Spüre Stolz, weil ich weiß, daß ich etwas kann, was die Mutter schon lange von uns will, da sie genug von unserer Abhängigkeit hat. Sie will, daß wir selbständig werden, und ich erbringe nun den ersten Schritt in Richtung Selbständigkeit. Stolz, weil ich ihr so gefallen werde. Überlegenheitsgefühl, weil ich etwas kann, was mein Bruder noch nicht kann, ich bin besser als er.

Wie fühlt sich das im Körper an?

Ich spüre diesen Stolz und diese Überlegenheit vor allem im Kopf.

Wie ist Dein Verhältnis zur Bezugsperson?

Innerlich bin ich völlig auf die Mutter bezogen: ich mache etwas, was ihr gefallen wird, aber sie ist ja gar nicht da, Gefühl schmerzlicher Einsamkeit.

Bestandsaufnahme.

Die Wirkung, das Erfüllen dessen, was der andere will, bestimmt mein Erleben. Ich habe kein Gefühl für das eigene Erlebnis meines Körpers, jetzt stehen zu können. Enormes Gefühl von Einsamkeit.

Welche Empfindungen rufen welche Reaktionen in Dir hervor?

Gefühl großer innerer Einsamkeit, ziehe mich ganz in mich selbst zurück. Gefühl selbständig sein zu müssen, nicht hilfsbedürftig sein zu dürfen. Lerne früh gehen! Ich erlebe mich im Bezug zu anderen, im Spiegel von andern, statt in Bezug zu mir. Das Erbringen der gewünschten Wirkung zählt und meine eigene Reaktion auf diese Wirkung spüre ich nicht. Vergleiche mich stark mit meinem Bruder. Wen liebt die Mutter mehr? Spüre während der Kindheit nicht viel Nähe zu meinem Bruder.

Welche Teilpersönlichkeit, die Du heute kennst, ist daraus entstanden?

Die Teilpersönlichkeit derjenigen, die sich nur durch die Reaktionen der andern auf sie definiert, die total von deren Anerkennung abhängt. Verhaltensmuster: Die für fünf Jahre meines Lebens (dreiundzwanzig bis achtundzwanzig Jahre) emotional wichtigste Beziehung war zu einem Mann, der fast ständig abwesend war, auf den ich aber mein ganzes Tun und Handeln und Denken ausrichtete und unter dessen völliger Kontrolle (per Telefon) ich stand.

Was müßte geschehen, damit Dein „Inneres Kind“ sich anders fühlt?

Die Mutter müßte bei den Kindern sein, sich mit dem Mädchen freuen, daß es nun stehen kann aus reiner Freude, daß das Kind eine neue Entdeckung gemacht hat und nicht, weil sie genug davon hat, daß ihre Zwillinge nur kriechen können. Wie sie sich mit dem Mädchen über den neuen Entwicklungsschritt freut, müßte sie sich mit dem Knaben freuen, daß er kriechen kann, ihm zeigen, daß das genauso in Ordnung ist, auch wenn er noch nicht stehen kann. Kinder und Mutter müßten an einen Ort, wo es wärmer und sonniger, der Boden nicht so kalt ist.

Beschreibe die Technik und Methode, die Du anwenden wirst.

Imagerie: Ich bin mit meinem inneren Kind und dessen Zwillingsbruder, den ich auch hüte, an einem warmen, sonnigen Ort. Wir freuen uns gemeinsam über das, was jeder kann, das Kriechen und das Stehen. Ich schaue den Kindern zu, wie sie sich voll Lust bewegen, bin da für sie.

Anneliese erkennt durch diese Erfahrung eine ihrer psychodynamischen Grundstrukturen, die ihrem ganzen Leben unterliegt. Sich immer gedrängt fühlen, nur nicht zuviel Platz einnehmen, ist ihr sehr bekannt. Alle Sinne sind auf die Reaktionen anderer ausgerichtet. Anneliese definiert sich hauptsächlich durch die Reaktionen der Anderen. Sie fühlt sich abhängig von der äusseren Anerkennung. Diese psychodynamische Grundstruktur durchsetzt das Verhalten der Erwachsenen. Durch das Aufbauen und Umlernen des Verhaltens in der frühen Kindheit, wird es für Anneliese möglich sein, ihre heutige Abhängigkeit von den Reaktionen anderer zu vermindern und ein anderes Selbstwertgefühl aufzubauen.

Beispiel Zwei: Dorothee

Wo befindest Du Dich?

Am Ende eines Ackers, allein unter einer Zeltlake. Es ist regnerisch.

Wo ist Deine Mutter oder Bezugsperson?

Auf der anderen Seite des Ackers arbeiten meine Eltern mit andern Leuten, lesen Kartoffeln auf.

Wie ist es, alleine zu stehen und zu laufen?

Trotzig entschlossen.

Welche Empfindungen löst das im Kind aus?

Unbeholfen, Freude, auch Gefühl „jetzt kann ich es, ich muß nicht mehr da sitzen“.

Wie fühlt sich das im Körper an?

Starkes Gefühl in den Beinen und im Kopf.

Wie ist Dein Verhältnis zur Bezugsperson?

Schlechtes Verhältnis zur Mutter. Gefühl, daß sie mich sitzen läßt. Der Vater lacht herzlich, wie ich dastehe.

Bestandsaufnahme.

Das Aufrichten meines Körpers und die ersten Schritte fühlen sich trotzig an, als müßte ich „denen da drüben“ etwas beweisen. Es sind eher erschwerte Umstände: die schwere Erde eines Kartoffelackers unter meinen Füßen, probiere ich erste Schritte, die auch gelingen. Vielleicht sind sie weniger leichtfüßig, als sie es sein könnten. Ich komme an meine Grenzen, ich bin mutig. Dieser Mut kostet Kraft!

Welche Empfindungen rufen welche Reaktionen in Dir hervor?

Das Gefühl von sitzen gelassen und allein zurückgelassen werden, weckt mutigen Trotz und Entschlossenheit. Gefühle von sich schwertun, sich überfordern, entstehen aus dem Gefühl der Scham, weil ich noch nicht laufen kann.

Welche Teilpersönlichkeit, die Du heute kennst, ist daraus entstanden?

Die Trotzige, die mit möglichst viel Energie, mit Nachdruck zu schnell etwas tut und einfordert, und daraus entsteht dann garantiert die einprogrammierte Enttäuschung.

Was müßte geschehen, damit Dein „Inneres Kind" sich anders fühlt?

Das Kind ist integriert. Die Eltern rufen ab und zu das Kind beim Namen. Oder singen mit ihm, oder setzen es auf die andere Ackerseite, auf die sie beim Kartoffelauflesen zugehen. Während der Pause hält jemand das Kind, probiert Schritte mit ihm, zeigt ihm die Feldfrüchte.

Beschreibe die Technik und Methode, die Du anwenden wirst.

Das Kind fühlen: es ist ihm langweilig, es ist schon groß, kann noch nicht laufen, es hat Energie. Es ist ganz allein, isoliert von den andern, bei denen ist es lustig. Das Kind braucht Aufmerksamkeit, Lachen, Rufen und Einbezug. Ich setze mich zu ihm als Erwachsene, es ist scheu, langsam nimmt es Kontakt auf, spricht mich an. Es singt mir ein Lied, ich singe mit. Wir nehmen uns an den Händen, stehen auf und drehen uns im Kreis. Das Kind fühlt sich glücklich und angenommen. Es ist nicht allein. Es geht ein paar eigene Schritte, purzelt ins Gras, lacht. Es ist immer jemand da.

Dorothee kann durch diese Erfahrung den Ursprung ihres persönlichen Musters, einer psychodynamischen Struktur, die mit viel Energie, mit Nachdruck zu schnell etwas tut, erkennen. Etwas beweisen, mutig sein zu müssen, bestimmt auch in ihrem heutigen Leben ihre Verhaltensweisen. Diese „Trotzige" kostet sie im heutigen Alltag sehr viel von ihrer Lebenskraft. Dorothee entwikkelt in dieser Übung ihre Vorstellung zur Veränderung des alten Kindheitsmusters. Durch liebevolle Zuwendung und Unterstützung des Kindes beim ersten Gehenlernen kann es leichter Kontakt aufnehmen. Dies kann sich dann im täglichen Leben weiter auswirken, indem manche Handlung leichter fallen wird.

Beispiel Drei, Karin

Wo befindest Du Dich?

Ich bin im Wohnzimmer und stehe schreiend im Laufgitter.

Wo ist Deine Mutter oder Bezugsperson?

Meine Mutter ist nebenan im Eßzimmer mit dem Staubsaugen beschäftigt.

Wie ist es, alleine zu stehen und zu laufen?

Ich kann nicht alleine laufen und stehen, da ich im Laufgitter bin.

Welche Empfindungen löst das im Kind aus?

Das Kind verspürt Verlassenheit, sie wird von der Mutter nicht gehört, sie schreit wie wild. Sie fühlt Wut, daß sie nicht raus kann und Behinderung, daß sie nicht die Welt außerhalb des Laufgitters entdecken kann und Abhängigkeit, daß sie nicht alleine raus kann.

Wie fühlt sich das im Körper an?

Mein Körper zittert ein wenig, und ich fühle im Bauch eine Riesenwut. Meine Kehle fühlt sich ganz trocken an.

Wie ist Dein Verhältnis zur Bezugsperson?

Ich bin sehr wütend über meine Mutter, und ich fühle mich nicht gehört von ihr, obwohl ich genau weiß, daß sie mich hört.

Bestandsaufnahme.

Nur wenn meine Mutter mich aus dem Laufgitter holt, kann ich die Welt entdecken und mich weiterentwickeln. Ich bin so abhängig von ihr, alleine kann ich das nicht in meinem jetzigen Entwicklungsstadium, und ich kann nur raus, wenn es meiner Mutter paßt.

Welche Empfindungen rufen welche Reaktionen in Dir hervor?

Ich entdecke, daß ich mich nur weiterentwickeln kann, wenn mir das jemand erlaubt, das ruft bei mir eine Abhängigkeit hervor. Nicht gehört zu werden, ruft Gefühle der Verlassenheit und Wut hervor. Es besteht eine Einengung und Behinderung meiner Entwicklung.

Welche Teilpersönlichkeit, die Du heute kennst, ist daraus entstanden?

Die Ungehörte und die Abhängige.

Was müßte geschehen, damit Dein „Inneres Kind“ sich anders fühlt?

Das Kind muß aus dem Laufgitter herausgenommen werden, es braucht das Laufgitter nicht mehr, es ist zu groß.

Das Kind darf in der ganzen Wohnung umherlaufen und alle Gegenstände berühren, erspüren und ertasten. Das Kind muß viel Raum bekommen und überall hingehen können, wo es will.

Beschreibe die Technik und Methode, die Du anwenden wirst.

Die Mutter holt das schreiende Kind aus dem Laufgitter, nimmt es in den Arm und tröstet es. Die Mutter versorgt das Laufgitter im Keller, das Kind muß das sehen, damit es weiß und vertraut, daß es wirklich weg ist. Das Kind hat die Erlaubnis, in der ganzen Wohnung umherzulaufen und alles zu entdecken, es bekommt viel Zeit und Raum. Das Kind sagt der Mutter, daß es das braucht, nicht mehr eingeengt zu sein.

Karin wird sich in dieser Übung einer psychodynamischen Struktur bewußt, die heute stark ihr Verhaltensmuster prägt. Sie glaubt, dass sie sich nur weiterentwickeln kann, wenn eine Erlaubnis vorhanden ist. Nicht gehört zu werden, ruft Gefühle der Verlassenheit und Wut hervor. Die Muster haben ihren Ursprung in den frühen Phasen der Kindheit, in diesem Fall in der praktizierenden Phase. Karin entwickelt ihre eigene Übung, um dieses alte Verhalten durch liebevolle Akzeptanz des Bedürfnisses des Kindes zu verändern. Werden die Bedürfnisse des Kindes befriedigt, kann eine Änderung im heutigen Verhaltensmuster erfahren werden.

Beispiel Vier: Maria

Wo befindest Du Dich?

Ich bin in der Sonne im Garten auf dem grünen Rasen. Alles ist wunderbar und großartig. Ich jage einem Schmetterling hinterher.

Wo ist Deine Mutter oder Bezugsperson?

Ich sehe meine Mutter nicht, weiß aber, daß immer irgend jemand von meinen Verwandten in dem großen Haus für mich da ist. Bei den Gedanken an meinen Vater oder meine Mutter entsteht so etwas wie ein Gefühl, daß da etwas nicht stimmt. Aber das schiebe ich lieber weg und genieße, wie wunderbar das Leben ist.

Wie ist es, alleine zu stehen und zu laufen?

Großartig, ein Gefühl von Kraft und Glück. Ich bin stolz auf meine Leistung, viel Kraft im Körper.

Welche Empfindungen löst das im Kind aus?

Ein Gefühl von Verliebtheit in sich selbst und in das Leben und alles, was es sieht.

Wie fühlt sich das im Körper an?

Wunderbar, dieses kraftvolle Gefühl in den Beinen, die vorwärtsgehen. Endlich die Möglichkeit, alles zu sehen, zu berühren, zu erforschen.

Wie ist Dein Verhältnis zur Bezugsperson?

Lieber nicht daran denken, es ist da ein vages Gefühl von Unwohlsein.

Bestandsaufnahme.

Im Ganzen ein guter Eindruck. Ein Gefühl von Kraft, Vitalität und Lebensfreude.

Welche Empfindungen rufen welche Reaktionen in Dir hervor?

Wenn ich mich frei in Sonne und Natur bewegen kann, bin ich glücklich. Habe Freude daran, endlich alleine die Welt entdecken zu können. Wegschieben von Unangenehmem, Selbstverliebtheit, Verliebtheit in die Welt.

Welche Teilpersönlichkeit, die Du heute kennst, ist daraus entstanden?

Die ewig Verliebte: Sie braucht Verliebtheit als Lebenselexier. Die Begeisterte: sie freut sich an schönen Dingen und Situationen, genießt das Leben. Die, die das Unangenehme lieber unter den Teppich kehrt: sich nicht damit konfrontiert, lieber verliebt sie sich wieder, dann ist das Leben wieder schön. Die Neugierige: will immer neue Eindrücke, braucht viel Abwechslung. Fühlt sich gut, wenn es Neues zu entdecken gibt.

Was müßte geschehen, damit Dein „Inneres Kind" sich anders fühlt?

Das Kind fühlt sich grundsätzlich gut in dieser Phase. Den Eltern gegenüber herrschen zwiespältige Gefühle. Hier müßte das Kind sich sicher fühlen, daß die Eltern seine Lebenslust und neugierigen Tatendrang liebevoll fördern und es ebenso liebevoll annehmen, wenn es zu ihnen zurückkommen will.

Beschreibe die Technik und Methode, die Du anwenden wirst.

Da das Kind nicht genau weiß, nicht genau wissen will, was mit den Eltern nicht in Ordnung ist, würde ich die Rolle der Eltern übernehmen und ihm zeigen, daß ich seine Aktivitäten schätze und für es da bin, wenn es mich braucht.

Maria erkennt und schätzt die Teilpersönlichkeit der ewig Verliebten, die sie in dieser Übung entdeckt. Sie ist voll damit identifiziert und lebt sie auch im täglichen Leben aus. Sie kehrt das Unangenehme lieber unter den Teppich und möchte sich nicht damit beschäftigen. Die ewig Verliebte möchte sich nicht die unangenehmen Seiten des Lebens anschauen und verdrängt sie. Der nächste Schritt für Maria wäre ein näheres Bekanntwerden mit diesem Teil, um eine wirkliche tiefe Veränderung zu bewirken.

Beispiel Fünf: Anna

Wo befindest Du Dich?

In einem Raum zu Hause bei meinen Eltern.

Wo ist Deine Mutter oder Bezugsperson?

Nicht anwesend, ich bin alleine.

Wie ist es, alleine zu stehen und zu laufen?

Ich bin frei. Ich kann gehen, wohin ich will.

Welche Empfindungen löst das im Kind aus?

Ich fühle mich wie ein Held.

Wie fühlt sich das im Körper an?

Ich fühle die Sonne in meinem Herzen und will weg von hier.

Wie ist Dein Verhältnis zur Bezugsperson?

Sie ist unwichtig und unwesentlich für mich.

Bestandsaufnahme.

Ich bin überrascht, so einfach so weit zurückgehen zu können und so klare und eindrückliche Bilder zu haben. Ich habe die tiefe Empfindung: „Dies ist nicht mein Platz."

Welche Empfindungen rufen welche Reaktionen in Dir hervor?

Das Gefühl „auf eigenen Beinen stehen" zu können, ruft die Reaktion hervor, die Welt erobern zu wollen, wegzugehen von Zuhause.

Welche Teilpersönlichkeit, die Du heute kennst, ist daraus entstanden?

Die, die alles alleine macht, keine Hilfe annehmen möchte.

Was müßte geschehen, damit Dein „Inneres Kind" sich anders fühlt?

Keine Antwort.

Beschreibe die Technik und Methode, die Du anwenden wirst.

Keine Antwort.

Anna erkennt in dieser Übung die, die alles alleine kann und keine Hilfe braucht. Diese Muster, in der Kindheit entstanden, prägt sehr stark ihr Verhalten in der Gegenwart. Sie fühlt sich oftmals nicht an ihrem Platz und frei dahin zu gehen, wo sie will. Anna kann sich kaum vorstellen wie ihr Verhalten anders sein könnte. Zu diesem Zeitpunkt ist sie nicht bereit zu sehen, dass sich dieser Teil vielleicht ändern könnte.

ERWEITERTE DIMENSIONEN MIT TEILPERSÖNLICHKEITSARBEIT

INDIVIDUELLE EMOTIONALE ARCHIVE

Es können während des Verlaufs einer Psychotherapie tiefe Erkenntnisse gewonnen werden. Indem persönliche, emotionsgeladene psychodynamische Strukturen erfahren werden, das heisst Erlebnisse, die in der Vergangenheit liegen, kann sich die Therapie oft in andere Dimensionen erweitern. Pychodynamische emotionsgeladene Strukturen sind durch ihren emotionalen Inhalt miteinander verbunden. In der Therapie stellt sich das folgendermaßen dar: Durch das Gefühl der Ohnmacht beispielsweise, die von einer gegenwärtigen Situation her erfahren wird, kann sich die Person durch Identifikation mit diesem Gefühl vom heutigen Gefühl her wie auf Wellen in die Vergangenheit zurückbewegen. Sie wird nicht chronologisch zurückgetragen, sondern von einem Vorfall des Ohnmachtsgefühls, das zum andern führt, mitunter tief hinab in ein erstes Geschehen der frühen Jugend und in damit zusammenhängende Umstände. Mit anderen Worten: Der emotionale Inhalt einer psychodynamischen Struktur oder Teilpersönlichkeit hat sich über Jahre durch Wiederholung der Umstände, die eine ähnliche emotionale Reaktion hervorrufen, strukturiert. Der emotionale Inhalt kann stärker oder schwächer sein, je nach Alter und der Häufigkeit der sich wiederholenden Umstände und Reaktionen. Je länger etwas wiederholt worden ist, desto intensiver ist der emotionale Inhalt der psychodynamischen Struktur.

In meiner praktischen therapeutischen Arbeit begegnen mir verschiedene emotionale Dimensionen, in denen der Ursprung psychodynamischer Strukturen enthalten sein kann. Die erste Dimension ist die Persönlichkeitsebene, das heißt, die in der Kindheit liegenden emotionalen Geschehnisse, die bestimmte Verhaltensmuster hervorrufen. Sie enthalten die Möglichkeit für die Person, dieses Muster zu verändern und den Heilungsprozeß beginnen zu können.

Es kann auch vorkommen, daß eine psychodynamische Struktur, die mit einem Kindheitstrauma verbunden ist, das erkannt, akzeptiert und transformiert werden konnte, tiefere Wurzeln aufzeigt. In den folgenden Fallbeispielen zu Teilpersönlichkeitsarbeit werden zuerst Kindheitserlebnisse und anschließend eine tiefere emotionale Struktur aufgezeigt, die scheinbar nicht zur Gegenwart gehören. Sie haben dennoch den gleichen emotionalen Aufbau und das gleiche Thema.

Matthias empfindet in seinem Leben Ohnmacht von einer immensen Tiefe. Nach Aufarbeitung der verschiedenen persönlichen Ebenen, die mit seiner Ohnmacht verbunden sind, führt die Therapie in eine andere emotionale Ebene hinein, die scheinbar nichts mit dieser gegenwärtigen Realität zu tun hat.

Nach etwa eineinhalb Jahren Therapieverlauf wurde die sogenannte Technik des „Sich von Gefühl zu Gefühl tragen lassen" angewandt. Sie führte Matthias zurück zu seinem frühkindlichen Erlebnis von sexuellem Mißbrauch. Matthias beschrieb das Gefühl von Macht- und Hilflosigkeit in der folgenden Situation mit seinen eigenen Worten so:

„Ein Knabe, ich selbst, wird in einen großen Raum gezerrt, in dem schon andere Knaben an ihre Betten gefesselt sind (das ganze spielt sich in einem Kinderheim ab). Ein Mann und eine Frau nehmen mich aufs Bett und binden mich an Händen und Füßen ans Bett, ein Strick wird über den Hals gelegt, alles geschickt gemacht. Die beiden tanzen und geben

Laute von sich. Wir Kinder schreien, und je lauter wir schreien, um so besser gefällt es den beiden. Sie begeilen sich und spielen mit unseren Geschlechtsteilen: 'präparieren' uns. Die Frau steigt abwechslungsweise auf den einen oder anderen Jungen. Das Gesicht dieser Frau, eine Dämonin, die auf mir kniete, sich über mein Entsetzen und meine Angst freute.

Im Fortlauf der Beratung, mit der Unterstützung des Therapeuten, greife ich als Erwachsener in die Handlung ein. In der Vergangenheit gehe ich in den Raum hinein, befreie mich und die anderen Jungen und jage die beiden fort.

In einer der nächsten Beratungen geschieht ein weiterer Akt der Befreiung: Mann und Frau werden von mir zur Rechenschaft gezogen. Auf einmal steht ein Ritter vor mir mit einem großen langen Schwert und haut den beiden die Köpfe ab. Ich als Beobachter bin entsetzt, ich sehe viel Blut, zwei Köpfe. Und auf einmal eine wimmernde, flehende Frau zu Füßen des Bettes: Sie fleht um das Leben ihrer Kinder, der Ritter will sich offensichtlich rächen. Sie ist hilflos und appelliert an seine Barmherzigkeit. Ich erkenne ihren Mann als mich selber. Und schon ist wieder das mir bekannte Gefühl von Ohnmacht und Hilflosigkeit da, das Gefühl, gegen Gewalt nichts ausrichten zu können. Was braucht der Mann, um sie zu schützen? Stärke, Wille, etc. Ich helfe ihm, dass er sich jetzt vor die Kinder stellen kann: Nur über meine Leiche. Je stärker er wird, um so schwächer und kleiner wird der Ritter. Ich fühlte, wie ich ihn aus meinem Leben entlassen kann."

Matthias brauchte etwa eineinhalb Jahre regelmäßiger Therapie, bis er an die emotionalen Tiefen seiner Muster und psychodynamischen Strukturen herankommen konnte. Er war dabei erfüllt von dem starken Wunsch, sein immer wiederkehrendes Ohnmachtsthema als das Potential eines enormen Wachstums zu sehen. Das oben beschriebene persönliche Kindheitstrauma thematisierte sich zuerst in Träumen, bis es sich als Bild- und Körpererleben in einer Therapiestunde zeigen konnte. Matthias brauchte viel Zeit, bis er annehmen konnte, daß ihm etwas so Unglaubliches passiert war. Dieses Erlebnis hatte für ihn starke psychosomatische Folgeerscheinungen. Es wird sehr viel Zeit bedürfen, bis Matthias durch liebevolle Zuwendung zu seinem „Inneren Jungen" dieses traumatische Erlebnis verarbeiten kann. Matthias erkennt sich in seiner Ohnmacht als ein Mann, der versucht, seine Familie vor dem Schwert eines Ritters zu retten. Indem Matthias auch hier eingreift und den Mann unterstützt, ermächtigt er ihn, sich aus seiner Ohnmacht und Hilflosigkeit zu befreien.

Beide Erlebnisse werden von Matthias körperlich tief durchlebt und enthalten die gleiche emotionale Struktur von Hilflosigkeit und Ohnmacht und das gleiche Thema. Die zweite Ebene, die unter der persönlichen Ebene liegt, konnte erst zugänglich werden, als die persönliche erkannt worden war. Derartig tiefgreifende Themen, wie sexueller Mißbrauch, Matthias' Hilflosigkeit und Ohnmacht, ziehen in der ganzen Psyche pansystemische Effekte nach sich. Der größte Teil, der sich seit Kindheit herausgebildeten psychodynamischen Strukturen, sind Reaktionen auf dieses traumatische Erlebnis, das heißt, sie haben ihre Wurzeln im Mißbrauch. Ein so tiefgreifendes Trauma eröffnet enorme Wachstumschancen.

In einem zweiten Beispiel wird Elke's Entdeckungsreise zu ihren verschiedenen emotionalen Tiefen geschildert. Elke war damals etwa seit drei Jahren in Psychosynthesetherapie, nachdem sie zuvor schon intensiv mit einer anderen Therapieform gearbeitet hatte. Als ich meine Arbeit mir ihr begann, war sie gerade tief traumatisiert einer destruktiven Sekte entkommen. Innerhalb der nächsten zwei Jahre wurde sie sich ihrer tiefen Verletzungen bewußt und entwickelte ihren persönlichen Heilplan, den sie dann auch umsetzte. Der folgende Bericht schildert Elke's Therapieverlauf von etwa zwei Monaten in ihren eigenen Worten:

„Ich schloß meine Augen, links war ein helles Zimmer. Ein Kind liegt im Korb. Es strahlt Freude und Liebe aus. Das Kind wartete, daß ich zu ihm komme. Ich konnte aber nicht gehen, es war mir nicht möglich. Das Kind forderte mich aber auf zu kommen. Es hob den Kopf. Wieder forderte es mich auf zu kommen, es wäre in Ordnung. Ich war tief berührt von der Liebe, die das Kind ausstrahlte. Ich als Beobachter mußte weinen. Dann tauchte ein lebendiges lichtvolles Bild von einem wunderschönen dreizehn- bis fünfzehnjährigen Mädchen auf. Im Hintergrund wunderschöne weiße Indianerfedern mit blauen und roten Steinen. Das Mädchen war wunderschön. Ein großes Fest stand an. Ehrfurcht, Erwartung und Respekt vor dem Neuen war da. Vielleicht eine Einweihung.

Während der ganzen Zeit bewegten sich meine Finger der linken Hand zum Schwur. Ich fragte mein Herz, ob es weitermachen wolle, es sagte nein. Mein Herz tat sehr weh, ich versuchte ständig, mich mit meinem Höheren Selbst in Verbindung zu halten. Ich sehe ein junges Mädchen am Boden liegen, zusammengekauert am Waldrand. Ich fragte sie, was sie brauche und legte eine Decke über sie. Das tat gut. Ich konnte es körperlich spüren. Dies alles war auf meiner Linken.

Von rechts tauchte ein Mann mittleren Alters auf, voller Verachtung und Haß, keine Spur von Mitgefühl. Es war ein starker mächtiger Mann. Ich forderte ihn auf zu gehen. Er wich keinen Zentimeter. Ich spürte, daß dieses Mädchen etwas Furchtbares erlebt hat, ich weiß nicht was, es sind Grenzen weit überschritten worden. Es war ihr unmöglich sich zu wehren, sie war ganz ohnmächtig. Ich begann auf ihn, einen Indianer, einzuschlagen. Der Indianer ging rückwärts und fiel über die Klippen. Ich war erstaunt und erschrocken. Ich drehte mich um und sah an der Stelle, an der das Mädchen lag, eine helle Gestalt, erleichtert und hell, mich liebevoll freudig anschauend. Ich war sehr stark berührt. Ich spürte Freude in meinem Herzen und Oberkörper. In diesem Moment wurde mir klar, daß dieses Mädchen tot war. Das Mädchen und ich gingen aufeinander zu und wir umarmten uns. Es war ein sehr schöner Augenblick.

Das Mädchen bestand jetzt aus zwei Teilen, hell und dunkel, sie standen nebeneinander und schauten über den Platz. Da war eine weiße Wolke, ein Kreis, etwas Dunkles ging wie ein Pfeil durch den Kreis. Ich bin dort wahrscheinlich umgebracht worden und mißhandelt. Ich kann mich an meine Ohnmachtsgefühle bestimmten Männern gegenüber erinnern. Meine Eierstöcke schmerzen sehr stark, mein Unterkörper ist wie aufgebläht.

In dieser Zeit kam es zu einer Auseinandersetzung mit meinem Arbeitgeber. Ich hatte große Wut in mir und verbat ihm, so mit mir zu sprechen. Ein Teil in mir, ein vierzehn- bis sechzehnjähriges Mädchen, möchte sterben. Sie ist müde, erschöpft, fühlt sich nicht verstanden, fühlt sich nicht angenommen. Sie hat pure Eigenschaften von Sanftheit, ist samtig, hat unendlich tiefe Seelenliebe und unendlich tiefe Trauer und Einsamkeit. Sie ist in sich zusammengerollt, ohne Kontakt. Ich selbst liebe diesen Teil, bin sehr betroffen, fürsorglich, beschützend. Ich begleite sie auf ihrem Weg nach außen, will Kontakt für sie aufnehmen, ich rechtfertige sie und versuche, sie zu erklären und spreche für sie, wenn sie nicht verstanden wird. Sie ist auf der Suche, doch immer wieder wird sie verletzt, mißverstanden. Es besteht keine Verbindung zwischen uns. Hoffnungslosigkeit. Sie möchte gehen und doch nicht. Ich spüre sie an meiner rechten Schulter, am Gesicht und Eierstock."

Ich möchte diese Zeilen für sich sprechen lassen. Wenn ich sie wieder lese, wird in mir große Achtung vor den tiefen weisen Prozessen der menschlichen Psyche geweckt. Es gibt eine Instanz in Elke's Psyche, ich nenne sie das „Selbst", die genau weiß, welche Erlebnisse aus dem Unbewußten auftauchen wollen, um zu Heilung und Wachstum zu führen. Als Therapeutin darf ich den Raum und Rahmen, in dem sich ein solcher Prozeß entfalten kann, zur Verfügung stellen.

Elke habe ich seit dieser Beschreibung der Therapiestunden regelmäßig in ihrer Therapie weiterbegleitet. Aus dem dramatischen Tod des Indianermädchens, das sie als einen Teil von sich erlebt, wurde inzwischen ein Annehmenkönnen der Geschenke, die dieser Teil ihr bietet.

PSYCHOLOGISCHES ERBE UND ERMÄCHTIGUNG

Zum Verständnis der Tragweite der sich überlagernden Schichten und Ursprünge von psychologischen Mustern und psychodynamischen Strukturen der Psyche, möchte ich die

Geschichte von Martha vorstellen, einer vierzigjährigen Frau aus der Schweiz. Sie suchte mich auf und bat um Hilfe bei ihrem anscheinend sehr persönlichen Thema „Angst vor dem eigenen Tod oder dem ihres Kindes beim Gebären". Diesem Thema widmeten wir uns mit der Technik der Teilpersönlichkeiten, mit inneren Bildern, inneren Dialogen, aus denen deutlich werden konnte, daß die Angst aus einer pränatalen psychodynamischen Struktur in der frühesten Kindheit entstanden war.

Während der Therapie wurde Martha zu einer vorgeburtlichen Erfahrung im Schoße ihrer Mutter geführt. Sie erkannte in ihrer eigenen Angst die Angst ihrer Mutter, als diese mit Martha schwanger war. Bei tieferem Nachforschen und der Identifikation mit ihrer Mutter erkannte sie die gleiche Angst bei ihrer Großmutter mütterlicherseits. Martha nahm durch innere Bilder die mit dieser Angst verbundenen psychologischen Glaubens- und Emotionsmuster wahr, die über zahllose Generationen von Mutter zu Tochter weitergegeben worden waren.

Beim weiteren Erkunden des Erbes ihrer Vorfahren, wiederum mittels der Teilpersönlichkeitstechniken, kam Martha auf einer tiefen Ebene zu der Einsicht, daß sich feminine Weisheit und Kreativität über Generationen von Frauenleben auf Empfängnis, Geburt, Kindstod und Tod der Mutter bei der Niederkunft hatte beschränken müssen.

Martha wurde sich des Unterschieds zwischen der persönlichen, der familiären, angestammten und kollektiven Tiefe ihrer Angst sehr bewußt und erkannte, was dies zur Folge hatte. Sie fühlte, daß sie als Individuum sowohl ihre eigene Angst transformieren konnte, als auch die ihrer Mutter und ihrer Vorfahren, und daß sich dies auf das Kollektiv und auf die Psyche der Menschheit als Ganzes auswirken würde.

Martha fühlte sich dafür verantwortlich, diese Angst auszuheilen, indem sie Schritt für Schritt durch Teilpersönlichkeitsarbeit ihr individuelles Thema, den mütterlichen und kollektiven Anteil akzeptierte, transformierte und in ihrer Psyche integrierte. Sie traf die bewußte Wahl, als Individuum auf diese tiefgehenden Schichten ihrer Psyche Einfluß zu nehmen. Um das erlauben zu können, war es notwendig, sich jeder dieser psychologischen Schichten im gegenwärtigen Moment bewußt zu werden. Um ein Heilwerden zu ermöglichen, unternahm sie folgende Schritte:

Auf der persönlichen Ebene wandte sie sich ihrer Angst zu, indem sie ein unbewußtes Gedanken-/Emotionsmuster längst vergangenen Ursprungs ins Bewußtsein brachte, durchlebte und annahm. Martha wandte sich ebenfalls der mütterlichen und der Ebene der Vorfahren zu. Durch das Befragen in der Teilpersönlichkeitsarbeit wurde es ihr möglich, das mütterliche Erbe bewußt werden zu lassen, zu akzeptieren und zu transformieren. Auf der kollektiven Ebene erkannte sie, daß die im kollektiven Unbewußten gespeicherte Angst den alten Glauben, feminine Weisheit beschränke sich aufs Gebären, verdeckt hatte. Indem sie dies erkannte, annahm und transformierte, integrierte Martha ihn in ihrer Psyche. Daraus eröffnete sich als neue Möglichkeit, den Glauben über feminine Weisheit und Kreativität im Kollektiv zu verändern.

Indem Martha als Individuum die bewußte Wahl trifft, ihre Vergangenheit zu heilen, wird es ihr möglich, psychologische Glaubensmuster, die im persönlichen, familiären, angestammten und im kollektiven Unbewußten der Menschheit als Ganzem gehalten werden, zu beeinflussen.

Martha beeinflußt ihre Vergangenheit und das Erbe ihrer Vorfahren. Damit verändern sich ihr zukünftiges persönliches Verhalten ihrem Angstthema gegenüber ebenso wie ihre Einstellung zu femininer Weisheit. Mit Transformation dieser Glaubenssätze hat sie die Kette unterbrochen und wird diese nicht an ihre eigenen Kinder weitergeben. Als Individuum kann sie psychologische Muster auf persönlicher, angestammter und kollektiver Ebene transformieren und beeinflussen, indem sie ihre persönliche Vergangenheit heilt. Ihre bewußte Wahl und Handlung schaffen Raum für das Entstehen neuer zukünftiger psychologischer Muster.

Wenn man sich als Individuum seiner dynamischen Strukturen oder Teilpersönlichkeiten der eigenen Psyche bewußt wird und deren Einwirkung auf die kollektive Psyche (Familie, Nation, Menschheit) erkennt, kann man bewußt wählen, sich voll auf das Leben einzulassen. Man ist sich bewußt, daß sich jedes Ereignis und jedes Handeln auf das größere Ganze auswirken, und das heißt auch, daß jedes Handeln und Ereignis, das ein anderer Mensch ausgelöst hat, auch mich und das größere Ganze betreffen. Ereignisse und Handlungsweisen des größeren Ganzen (Familie, Nation, Menschheit) wiederum wirken auf das Individuum als ein Teil des Ganzen ein.

Assagioli schreibt in einem Werk über Individuum und Gesellschaft:

> *„Jeder Mensch und Gruppen aller Art sollten als Elemente, Zellen oder Organe (i.e. lebendige Teile) eines größeren Organismus, der die ganze Menschheit umfaßt, betrachtet werden. Die essentielle Einheit, im Ursprung, Natur und Absicht, und die unzerstörbare wechselseitige Abhängigkeit und Solidarität zwischen allen Menschen und Gruppen sind eine spirituelle, psychologische und praktische Realität."* (1965)

In jedem Individuum kommen seine Kultur, Religion, Bildung und Vergangenheit (Kindheit, Vorfahren) in seiner gegenwärtigen Lebensführung zum Ausdruck.

Es gibt heute unendlich viele Menschen, die nach einem tieferen Sinn ihres Daseins suchen. Ein Weg dahin ist es, sich der alten Verhaltensmuster bewußt zu werden und zu erkennen, daß man nicht nur aus eigener Initiative heraus lebt, sondern durch

Verhaltensmuster der Vergangenheit „gelebt wird". Es wird möglich, einengende Verhaltensmuster und damit verbundene Emotionen zu erkennen, zu akzeptieren, zu transformieren und letztendlich zu integrieren. Muster aus der Vergangenheit können verändert werden und müssen nicht länger kontrollierender Faktor im gegenwärtigen Verhalten einer Person sein.

KOLLEKTIVTRAUMA

In den vorhergehenden Kapiteln wurde die Praxis der Teilpersönlichkeitsarbeit auf verschiedenen Ebenen der individuellen Psyche vorgeführt. Da die individuelle Psyche im Kollektiv eingebettet und verwoben ist, kann durch individuelle Arbeit das Kollektiv positiv beeinflußt werden, wenn diese Ebenen bewußt werden. Kollektiv meint hier das Kollektiv einer Nation, als einer Gruppierung von Menschen, die den gleichen kulturellen und religiösen Hintergrund und deren Sprache(n) die gleiche Wurzel haben. Wenn die individuelle Psyche im kulturellen Erbe der Nation eingebettet ist, können verdrängte oder unbewußt gewordene nationale Traumata durch das Individuum zugänglich gemacht werden. Derart unbewußte oder verdrängte nationale Traumata bestimmen die Verhaltensweise und Zukunftsrichtung einer Nation. Analog zur individuellen Psyche drängen die kollektiven psychodynamischen Strukturen danach, sich im Verhalten der Nation auszudrücken. Da diese mächtigen komplexen Strukturen, wie zum Beispiel das nationale Trauma des Dritten Reiches in Deutschland oder das Erbe Stalins in Rußland, vom Bewußtsein der Nation mehr oder weniger verdrängt werden, suchen sie sich

Ausdruck über einzelne Gruppierungen von Individuen dieser Nation. Nationale psychodynamische Strukturen haben einen eigenen Willen, eigene Wünsche und Bedürfnisse. Diese nationalen Teile können bewußt gemacht werden, ähnlich dem Bewußtwerdensprozeß der individuellen Psyche, und man kann sich ihnen zuwenden. Dies kann möglich werden durch Teilpersönlichkeitsarbeit in großen Gruppen. Wenn die individuelle Psyche im System des Kollektiven verwoben ist und jede individuelle Transformation dieses Kollektiv beeinflußt, muß ein nationales Trauma ebenfalls über das Individuum und Kollektiv zugänglich sein.

Bei meinen langjährigen Erfahrungen mit Gruppen und bei verschiedenen Versuchen, sich über Gruppenprozesse nationalen kollektiven Traumata anzunähern, bewährten sich sehr die ersten beiden Schritte der Verwandlungsphasen der Teilpersönlichkeit. Der Prozeß des Erkennens, als erster Schritt der Verwandlung in der Teilpersönlichkeitsarbeit, vollzieht sich in der individuellen Psyche ähnlich wie in der nationalen Psyche: So wie unverarbeitete Kindheitstraumata die täglichen individuellen Handlungen beeinflussen, werden sich auch in der nationalen Psyche als komplexem System unbearbeitete historische Traumata auf politisch-nationale Entscheidungen auswirken. Beim zweiten Schritt des Erkennens können in den eigenen Mustern ererbte psychodynamische Strukturen der Familie und Vorfahren entdeckt werden. Das heißt, daß wir uns die Möglichkeit erlauben, anzuerkennen, einen Anteil nationalen Vergangenheitstraumas als psychologisches Erbe in uns zu tragen. Wenn dem so ist, können wir uns die Vorstellung erlauben, als Individuum dazu beitragen zu können, kollektive Traumata durch die eigene Psyche und durch Handlungen zu beeinflussen. Konkret kann das heißen, daß der einzelne zum Beispiel als Kriegsteilnehmer ein nationales Trauma mitkreiert. Dies verlangt u.U., sich intensiv mit dem eigenen inneren Täter oder Opfer auseinanderzusetzen.

Die Zeit ist reif zur Gruppenarbeit mit dem deutschen nationalen Erbe, vor allem des Dritten Reiches und seinen Folgen. Die nationale Psyche unterliegt einem anderen, größeren Rhythmus als die individuelle Psyche. Braucht eine Person oft schon viele Jahre, bis sie sich ihrem Vergangenheitstrauma zuwenden kann, bedarf es dazu in einer Nation oft mehrerer Generationen. Standen doch die Täter, Opfer und Mitläufer oft unter einem enormen Schock. Eine Person unter Schock braucht zunächst eine sichere Umgebung und Zeit, um Abstand vom Geschehenen zu gewinnen. Die nachfolgende Generation wurde über das, was z.B. im Dritten Reich geschah, informiert, und zwar primär über die mentale Ebene. Die jetzige Generation, mit ihrem größeren Abstand, ist dazu fähig geworden, sich diesem Trauma einer Nation anders zuzuwenden, d.h. die kollektive psychodynamische Struktur des nationalen Traumas zu akzeptieren, und zwar emotional zu akzeptieren. Die Auseinandersetzung auf der mentalen Ebene findet schon seit Jahrzehnten mehr oder weniger intensiv statt. Zur emotionalen Akzeptanz gehört die kollektive Trauer und das Weinen über Täter, Opfer und Mitläufer. Erst durch diese emotionale Zuwendung kann Liebe in das kollektive Leid fließen.

In meiner Arbeit mit der Psychosynthese versuche ich schon seit vielen Jahren, mit Gruppen aus verschiedenen Nationen, sich dem jeweiligen nationalen Erbe zuzuwenden. Die Last der Schuld erschwert es enorm, sich diesem Erbe liebevoll zuzuwenden. Diese Schuld wirkt als kollektive nationale psychodynamische Struktur ausgesprochen lähmend und verhindert zunächst, sich dem Trauma zuzuwenden. Die Schuld selbst braucht liebevolle Akzeptanz, um den Weg zum Trauma zu erlauben. Hier können die Techniken der Psychosynthese hilfreich angewandt werden. Wenn die Schuld jedoch noch nicht liebevoll als unser Erbe akzeptiert werden kann, ist es hilfreich, über die Technik der Disidentifikation das Thema Schuld vorläufig noch beiseite zu lassen und sich zunächst der

Akzeptanz des Traumas zuzuwenden. Daraus eröffnen sich neue Möglichkeiten im Umgang mit dem nationalen Trauma.

ÜBUNG EINS

Der folgenden Übung liegen die Arbeit und Erfahrung mit ererbten psychodynamischen Strukturen der individuellen Psyche zugrunde. Die Arbeit mit den Teilpersönlichkeiten bezog sich auf das nationale deutsche Erbe. Einer derartigen Übung sollte ein intensives Training mit der Methode des Identifizierens mit der eigenen Mitte vorausgehen, um den Kontakt mit dem „Selbst" und „Transpersonalen Selbst" zu ermöglichen.

Frage: Kannst Du Dir die Erlaubnis geben, Dir der positiven und negativen Charakteristika, die Du als Dein nationales Erbe betrachtest, bewußt zu werden? Es kann ein Bild sein, Gefühle oder Gedanken.

Ruth

Viel niedergedrückte Schuld lastet auf dem Rücken. Da ist eine zusammengekauerte Frau, schwarz angezogen, alles dunkel um sie, auf der Erde liegend. Wie ist diese Schuld wieder gut zu machen? Sie scheint riesengroß, im Ohnmachtsgefühl, und scheint das Recht nicht mehr zu haben, sich aufzurichten, in die eigene Macht kommen zu dürfen. Scham über das Geschehene. Scham zuzugeben, eine Deutsche zu sein. Ich bin im Zwiespalt gegenüber meiner nationalen Identität und springe von einer Nationalität in die andere. (Meine Eltern kommen aus Kroatien). Um mich hier in Deutschland einzugliedern (deutsche Staatsangehörigkeit) und nicht anders zu sein, stehe ich nicht öffentlich für die Herkunft meiner Eltern und meiner Herkunft ein. Im Ausland, wenn ich kritisch auf meine deutsche Nationalität angesprochen werde, habe ich keine Schwierigkeiten, mein kroatisches Erbe anzusprechen, woraufhin sich das Verhalten mir gegenüber vollkommen verändert, da ich ja doch keine richtige Deutsche sei. Das ist eine ganz befremdliche Erfahrung. Ich bin ambivalent im Eingestehen meiner nationalen Identität, je nach Land.

Maria

Gekauert am Rande sitzend und beobachtend, voll Trauer, aber distanziert, mit Schuldgefühl und sah viele Menschen. Frage: was hätte ich für eine Rolle in der damaligen Zeit gespielt? Täter? Opfer? Anpasser? Mitläufer? Widerstand gegen die Last der Schuld. Möchte nicht mit eingezogenem Haupt herumlaufen, nur weil ich Deutsche bin. Ich will nicht nur das Schlechte bei den Deutschen sehen. Aktuell: ich will mir das Land nicht von den Neo-Nazis kaputt machen lassen.

Martha

Unterschwellige Botschaften: „lebenswertes Leben“ ist „gesund, natürlich, normal“. Alles „Unwerte“ wird mit Stumpf und Stiel ausgerottet. Schwierigkeiten für Familie und Dorf, die geistige Behinderung meines Bruders nach einem Autounfall zu akzeptieren. Ich halte verzweifelt zu ihm, zum Preis von Einsamkeit, Ausgeschlossensein, Anderssein. Deutsch sein heißt: Ordnung, Sauberkeit, Disziplin, Gehorsam bis zur Unerbittlichkeit, Verantwortung nach obcn delegieren, eben Pflichterfüllung. Ich rebelliere bis heute gegen diese „Tugenden“ aus Angst vor eigenem Machtmißbrauch.

Elisabeth

Ein blondes Kind, das auf dem Erdball steht und dort immer um ein Grab herumgeht. Das ist mein Vater als fünfjähriges Kind, nachdem seine Mutter gestorben war. Abgetrenntheit von den eigenen Gefühlen, Abspaltung, indem er das kleine Kind alleine auf dem Friedhof stehen läßt. Das läßt Grausamkeiten zu. Er spürt nicht, was er anderen antut. Ein wichtiger Teil ist die Perfektion, der Zwang perfekt zu sein, mathematische Ordnung in den menschlichen Beziehungen. Sentimentalität wird als Gefühl ausgegeben, z.B. deutsches Liedergut, Kameradschaft, Rührseligkeit. Alles Scheingefühle.

Hannelore

Schuld, Scham, Haß, Angst; Arroganz, Kaltblütigkeit, Uniformiertheit; Grandiosität, Macht, Minderwertigkeit, Gehorsam; „Verletzung“. Verläßlichkeit, philosophisches Denken, Poesie, Musik (künstlerisches Potential), Betriebsamkeit. Fleiß? Gemütlichkeit? Sauberkeit. Was braucht es, um Schuld, Scham, Arroganz und Angst zu akzeptieren? Bewußtwerdung. Die kreativen Potentiale gehen ins Materielle, in die Wirtschaft, nicht in geistigspielerische Werte. Beide, Opfer und Täter brauchen Stille, Mitgefühl und Akzeptanz. Ich stehe aufrecht vor einem bodenlosen, tiefen Loch, schwärzestes Schwarz. Eine Welle von tiefer Trauer trifft mich, Tränen. Ich weiß, ich falle nicht in dieses Loch. Ich knie nieder an dem Loch. Schaue in das Loch und habe trotz enormer Trauer das Gefühl von großer Kraft, Herzenswärme. Ich habe ein Bild von machtvoller Dunkelheit und gleißendem Licht und deutlich das Gefühl von Grenzsituation, das Licht könnte zu schwach sein für die Dunkelheit. Angst, Kampf, Lebensangst, nicht um mein Leben, sondern um die helle Lebensqualität, um Leben grundsätzlich. Ich singe.

Esther

Eine alte Frau mit weisem Gesicht, schwarz gekleidet. Sie ist gebeugt unter der Last der nationalen Schuld. Sie ist sehr traurig und war früher sehr schön. An der Leine hält sie einen Höllenhund. Er hat große weiße Reißzähne, ist kurzhaarig, hellbraun mit Stachelhalsband. Der Hund ist absolut dumm und gierig. Alles verschlingend. Er nährt sich von negativen Emotionen. Er ist gerade dabei, wieder stärker und größer zu werden, und die alte Frau ist bald zu alt und zu schwach, um ihn zu halten.

Gegenbild, die Begeisterte. Sie kann sich an allem begeistern, auf ganz naiv-kindliche Art. Sie liebt das Leben und sieht in allem etwas Schönes. Mit ihrer Begeisterung kann sie auch andere mitreißen. Sie strahlt Freude und Liebe aus.

Veronika

Die Einstellung meiner Mutter: eine Frau hat zu gebären, eine Nation neu aufzubauen. Sie wollte elf Männer haben, die gesund sind und bereit sind, für das Vaterland zu kämpfen. Mißachtung von sich selbst, ihrer Weiblichkeit, ihrer Person. Eine Mißachtung von mir, ihrer Tochter, als Frau, als Mensch. Sich benützen und andere benützen. Fanatisch für eine Sache. Duldet keine Schwäche, Schmerz, Empfindsamkeit. Ihr Bild: die starke, gesunde, leistungsfähige Frau. Ihr Nationalstolz prägt ihre Einstellung zu Behinderten, Ausländern.

Georg

Es fällt mit zuerst schwer, an ein Bild zu kommen. Dann verschwimmen verschiedene Teile. Ein Soldat mit Wehrmachtshelm ist sehr traurig und verzweifelt. Er hat nichts mit der ganzen Geschichte zu tun. Er war nie Hitleranhänger, sondern eher skeptisch. Er muß jetzt seine Familie allein lassen und in den Krieg. Dann ein Gestapo-Mann mit kurzem blondem Haarschnitt und Ledermantel. Er ist eiskalt und voller Haß. Dann ein Gymnasiallehrer im dritten Reich. Er ist innerlich stocksteif und voller Prinzipien, Ordnungen und Pflichten. Absolut keine Gefühle und Leichtigkeit.

Obwohl in der vorhergehenden Übung beides betrachtet werden soll, das positive wie auch das negative nationale Erbe, konnte in den hier vorgestellten Beispielen nur eine Person die positiven Seiten erkennen. Das negative Erbe scheint sehr viel schneller zu erfassen sein.

ÜBUNG ZWEI

Bei der Auseinandersetzung mit dem nationalen Erbe zeigt sich in den deutschen Gruppen sehr schnell eine lähmende Tendenz: die Last und Schuld des Zweiten Weltkrieges und des Holocaust. Diese Schuld ist ins Kollektiv verwoben und jede/r Deutsche trägt sie als ein Teil des nationalen Erbes in sich. Dieses Erbe ist eine nationale psychodynamische Struktur, durch die sich das Kollektiv in Gruppen und Individuen ausdrückt.

Wenn man sich der Schuld als nationalem Teil zuwendet, kann sie akzeptiert werden und die damit verbundene kollektive Trauer zugelassen werden. In den nachfolgenden Übungen kristallisierte sich das Ausmaß dieses nationalen Leidens heraus, das nur durch höhere Kräfte transformiert werden kann. Das setzt aber voraus, daß jeder einzelne dieses Leiden durch die eigene Herzenskraft den höheren Kräften mit liebevoller Zuwendung bewußt übergibt.

In der folgenden Übung wird versucht, sich mit dem Herzen zu verbinden und das Herz zu fragen, was notwendig wäre, um das nationale Erbe zu heilen.

Sabina

Die Botschaft des Herzens: Es muß ganz, ganz weit werden und den ganzen Brustkorb ausfüllen. Fließt dann in die ganze linke Seite, Arm/Beine, in die Erde.

Marianne

Konnte die Energie gut fließen lassen in die verschiedenen Teile. Bei dem nationalen Erbe stand ein Täter und wollte auch etwas von der Energie. Ich überlegte, ob ich ihm etwas geben möchte. Habe es dann gemacht, aber widerwillig. Herz sagte mir: „Ich kann nicht, ein anderes mal.“.

Monika

Ich und mein Herz werden in den nationalen Teil hineingezogen. Starke Trauer und Einsamkeit. Ich kann raustreten, und mein Herz fließt in einem breiten Strom, es weiß wohin.

Claudia

Ich merkte während der Übung, daß ich noch immer mit einem Teil des nationalen Erbes identifiziert war. Das Herz konnte sich nur nach rechts ausdehnen. Auf meine Frage, warum es sich nicht nach links hin ausweiten wolle, sagte es, es sei dort festgewachsen. Als es fließen sollte, floß Blut heraus. Ich trat ganz bewußt zurück in die Mitte und dachte an alle schönen Herzensqualitäten, dann begann das Herz zu fließen.

Helga

Bei der Herzübung sagte mein Herz ja zur Heilung. Die linke Seite meines Körpers war hell, die rechte dunkel. Bei der Erlaubnis, es fließen zu lassen, bekam ich auf der ganzen rechten Seite eine Gänsehaut. Bei der Erlaubnis, das Licht in das nationale Erbe fließen zu lassen, tat sich ein Grab auf und schreiende, verletzte, angsterfüllte, verzweifelte Totenköpfe schauten mich an. Ich erschrak und hatte das Gefühl, daß diese Menschen keine Möglichkeit hatten, Licht, Liebe zu empfangen. Es gab einen Moment Stillstand. Ich wollte es schon fließen lassen, ging aber weiter mit der Erlaubnis. Auch gab es ein Kräftemessen: Was ist stärker, das Dunkle oder das Helle? Der Gedanke, daß die Liebe, das Licht fließen dürfen, einfach sich die Erlaubnis geben und sich selbst den Ort suchen, wo sie hinfließen, hob das Kämpfen auf. Ich spürte eine gute Kraft in mir, ich blieb bei mir.

Peter

Die Herzensenergie in das nationale Bewußtsein fließen zu lassen, brachte eine tiefe Traurigkeit, die mich aber nicht in ein Loch hineinzog.

Heike

Ich stehe wieder vor dem dunklen Loch und spüre in kindlicher Unbefangenheit Herzströme (physisch). Ein grünes Licht fließt in das Loch und wird als Spirale von dem Loch verschlungen. Über mich kommt großer Ernst und ich nehme die immense Macht des schwarzen Loches wahr. Gleichzeitig auch die Kraft meines Herzens, Akzeptanz. Es gibt noch keine Verbindung der beiden Mächte.

Angela

Ein goldener Strahl geht durch den Kopf von oben durch das Herz bis auf den Boden. Ein dunkler, trauriger, wütender Mann taucht auf, ich schicke ihm das Gold. Er lächelt. Ich fühle mich erleichtert. Der goldene Strahl geht bis durch die Adern in die Beine, Füße. Wärme breitet sich im ganzen Körper aus.

Karin

Ich sehe, wie viele Hände sich nach dem Strom der Herzensenergie ausstrecken und sich die Energie zufächeln.

Ein nationales Trauma enthält ebenso wie das individuelle Trauma die Chance des Wachstums für eine ganze Nation. Die Art und Weise, wie das Kollektiv damit umgeht, bestimmt Umstände und Dauer eines möglichen Heilungsprozesses. Das setzt voraus, das Trauma genauso wie in der individuellen Therapie zu erkennen und sich ihm bewußt mit Mut und Herz zuzuwenden, als Teil des persönlichen und nationalen Erbes. Auch nationale Traumata können durch die Herzenskraft transformiert werden.

TRANSPERSONALE PERSPEKTIVEN

Die psychodynamischen Strukturen unserer Psyche repräsentieren mit ihren negativen und positiven Qualitäten unser Wachstumspotential. Aus den Faktoren Umwelt, Familie, Lebensumständen können sich schon pränatal oder in unserer Kindheit und in der Pubertät Traumata herausbilden, aus denen dann die inneren psychodynamischen Strukturen entstehen. Darin sind unsere Wachstumschancen enthalten. Es ist eine Frage der Perspektive, Traumata als unser Wachstumspotential zu begreifen. Unsere Traumata und Probleme können Traumata und Probleme bleiben oder sich in ein Geschenk verwandeln. Wenn persönliches Leiden nur als etwas Problematisches, Negatives, das bekämpft werden muß, angesehen wird, entziehen sich die darin verborgenen Geschenke der eigenen Aufmerksamkeit. Jede psychodynamische Struktur oder Teilpersönlichkeit enthält neben dem Leiden und Trauma, das entstand, das Geschenk des Wachstumspotentials. Wenn die psychodynamischen Strukturen, die aus den Traumata erwachsen sind, bewußt werden, kann Leiden anders angeschaut werden, kann gefragt werden: Was ist der Sinn und Zweck meines Leidens? Was lehrt mich dieses Leiden? Was muß ich durch diese innere psychodynamische Struktur oder Teilpersönlichkeit lernen?

Um dies wahrnehmen zu können, bedarf es einer breiteren und tieferen Perspektive und der Kunst der Disidentifikation, die eine andere Sichtweise erlaubt. Wenn das Wachstumspotential genutzt werden soll, muß mit den eigenen Verhaltensmustern gearbeitet werden. Die Wachstumsstufen, die die eigenen Verhaltensmuster dabei prozeßhaft durchlaufen können, sind das Erkennen, Annehmen, Koordinieren, Transformieren, Integrieren bis zur Synthese. Jede durchlaufene Wachstumsstufe erweitert unsere Wahrnehmung und unser Bewußtsein.

Die Frage nach dem Sinn und Zweck des persönlichen und kollektiven Leidens auf dieser Welt ist eine existentielle Frage. Wenn sich die Perspektive erweitert und verändert, kann dieses Leiden einen Sinn bekommen. Wenn sich die Perspektive auf Verstehen und Annehmen des Leidens als Wachstumsprozeß ausdehnt, wird dem Leiden seine Macht genommen. Die scheinbar so rigiden und oft destruktiven psychodynamischen Strukturen in unserer Psyche warten darauf, verwandelt und von ihrem Leiden erlöst zu werden. Dies kann nur von innen her geschehen, da die inneren Muster unser Verhalten nach außen bestimmen. In einem solchen Verwandlungsprozeß liegt das Geschenk und gibt zugleich die Antwort auf die Frage nach Sinn und Zweck des Lebens. Wenn das Leiden transformiert werden kann, können andere Qualitäten ins tägliche Leben gebracht werden.

Jeder Transformationsprozeß beinhaltet eine Veränderung, da inneres Wachstum und Bewußtseinserweiterungen ein ständiges „sich Ändern“ sind. Wachstum und fortwährende Verfeinerung unserer Lebensqualität verändern innere und äussere Werte. Der Prozeß dieses inneren Wachstums, bei dem Traumata liebevoll akzeptiert und wenn möglich transformiert werden, ist etwas Beständiges auf dem Weg zum Ganz-Werden. Aus dieser Erfahrung heraus wird es dem einzelnen vielleicht möglich zu sagen, daß Leiden und Schmerz auf sich aufmerksam machen, um erlöst zu werden. Leiden und Schmerzen drängen danach, transformiert zu werden. Sie halten unsere ganze Aufmerksamkeit gefangen. Aus dieser Perspektive kann jede Transformation als eine Stufe der persönlichen Evolution verstanden werden. Es ist unwichtig, ob das

Ziel jemals erreicht wird. Wichtig ist die Qualität des Weges der Transformation. Seine Qualität kann unbegrenzt weiter verfeinert werden, d.h. Wachstum ist Verfeinerung der Lebensqualität durch innere Transformation.

Wenn wir durch die Teilpersönlichkeitsarbeit den Aufbau der inneren psychodynamischen Strukturen erkennen können, ihren Sinn und Zweck, das in ihnen verborgene Leiden und den Schmerz, ihre Freuden, Wünsche und Bedürfnisse, wird deutlich, welche veränderungsbereiten Energien in ihnen enthalten sind, wo ihre verborgenen Qualitäten liegen, die sich manifestieren wollen. Dies zu erkennen, heißt mit ihrem Wunsch zu kooperieren.

In jedem Menschen ist eine tiefe innere Weisheit und eine spirituelle Mitte vorhanden, das „Selbst", das sich durch die Psyche der Person in dieser Welt verwirklichen will. Da das „Selbst" alle Antworten und Informationen kennt, mit denen wir ganzwerden können, bedarf es unserer bewußten Kooperation und mit diesem Selbst im Einklang zu sein, damit sein Potential fließen kann.

ANHANG

Das hier im Anhang vorgestellte Modell des „Selbst“ ist eine organische Weiterentwicklung von Assagioli's Modell. Es unterscheidet sich grundsätzlich dadurch, dass das „Transpersonale Selbst“ seinen Platz in der Mitte gefunden hat und nicht mehr am oberen Ende von Assagioli's Ei sitzt, und dadurch in alle Richtungen fliessen kann.

AUCH DU BIST EIN „SELBST“

Welche Methoden und Techniken können die Fähigkeiten entwickeln, die Prinzipien des „Selbst“ in uns lebendig werden lassen? Wie kann eine Änderung unserer inneren und äusseren Werte und damit unserer Lebensqualität herbeigeführt werden?

Ich denke, eine der grundlegendsten Verwandlungen ist das Wiedererkennen, **dass die Seele oder das „Selbst“ die Mitte und das Zentrum jedes Menschen ist**. Ohne diese Mitte, die spirituelle Kraft der Seele, kann der Mensch nicht existieren, denn sie unterliegt und durchdringt die Person und ist gleichzeitig mehr als diese. Sich dieser spirituellen Mitte wieder zuzuwenden, sie als unser Geburtsrecht anzunehmen, ist eines der ersten Prinzipien. Das bewusste Erkennen ihrer Existenz in mir und in jedem anderen Menschen, Lebewesen und in der Natur hätte eine tiefe Achtung vor mir selbst und allem anderen zur Folge. Wie kann dieses Prinzip des „Selbst“ erfasst und vermittelt werden?

Das Bewusstseinsmodell des Menschen mit seiner spirituellen Mitte, dem „Selbst“, ist aus jahrelangen Erfahrungen in der Arbeit mit Klienten und Ausbildungsteilnehmern entstanden. Es ist eine Darstellung des grundlegenden Modells einer menschlichen Psyche, der ihr innewohnenden, verschiedenen Bewusstseinsebenen und deren Beziehungen zueinander.

Diagramm: Menschliches Bewusstseinsmodell

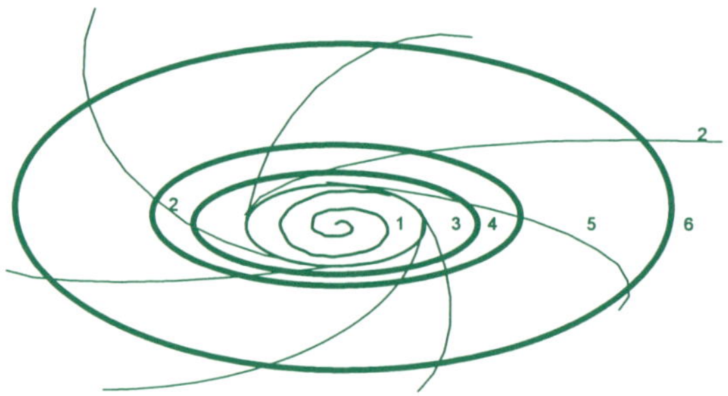

1 Selbst, Spirituelle Mitte
2 Lebensenergie, LiebeWille
3 Persönlichkeitsstruktur
4 Unmittelbares Persönliches Unbewusstes
5 Unbewusstes
6 Kollektives Unbewusstes

Man kann sich das menschliche Bewusstsein als ein elektromagnetisches Energiefeld vorstellen, mit dem „Selbst“ als spirituelle Mitte (1). Das Energiefeld von LiebeWille (2), das aus der Mitte heraus entsteht, magnetisiert dieses Feld.

Die Persönlichkeit (3) ist darin eingebettet, bestehend aus psychodynamischen Strukturen, die sich durch Gedanken, Emotionen und Körper ausdrücken. Dieser Ausdruck kann bewusst oder unbewusst stattfinden (4,5). Das elektromagnetische Bewusstseinsfeld des Individuums ist mit der kollektiven Psyche vernetzt und energetisiert diese durch Gedanken und Emotionen. Das Kollektiv wiederum beeinflusst das Individuum. LiebeWille ist die Lebensenergie (2), die von der Mitte ausgehend das individuelle Feld trägt und es im Kollektiv einbindet.

Im Zentrum des Modells befindet sich das „Selbst“, unsere spirituelle Mitte. Ich nenne das „Selbst“ oft auch das „Tiefere, Höhere, Innere Selbst“. Es ist **multidimensional**, ein Wirbel, eine Vortex, zentrifugal die Lebensenergie (2), den LiebeWillen, durch die verschiedenen Teile der Persönlichkeit im täglichen Leben durch Handlung ausdrückend.

Das „Selbst“ drückt sich durch die Persönlichkeit im täglichen Leben, wie auch durchs Unbewusste aus. Das „Selbst“, unsere spirituelle Mitte, lässt seine Lebensenergie durch Körper, Emotionen und Verstand fliessen. Ohne das „Selbst“ gäbe es keinen physischen Körper, keine Emotionen, keinen Verstand und keine spirituelle Dimension.

Gleichzeitig mit dieser ausdrückenden, **zentrifugalen Kraft** des „Selbst“ existiert eine **zentripetale Kraft**, die die Persönlichkeitsstruktur, die sich um den spirituellen Wirbel konstelliert, von ihm angezogen und gehalten wird. Ohne das „Selbst“ könnte keine Persönlichkeit und kein Unbewusstes existieren.

Das „Selbst“ hat ausdrückende und gleichzeitig wahrnehmende Qualität. Beide sind aktive Qualitäten, zentripetal und zentrifugal. Das „Selbst“ ist **multidimensional**, immanent und gleichzeitig **transzendent**.

Das „Selbst“ ist **immanent**, alles durchdringend, überall gleichzeitig **transzendent**, mehr als das persönliche Bewusstsein und Unbewusste. Es ist immer gegenwärtig, ob ich mir dessen bewusst bin oder nicht. Wenn ich mir meines „Selbst“ bewusst werde, beinhaltet dies eine tiefe Wandlung und Wertveränderung in der Persönlichkeit. Das „Selbst“ braucht die Persönlichkeit und ihre Struktur, um sich in dieser Welt kreativ auszudrücken und so seine Lebensenergie zu manifestieren.

Wenn ich mir meines „Selbst“ bewusst werde, kann ich mir seine vielen Dimensionen zugänglich machen und mich meiner „Selbstverwirklichung“ näher bringen.

Werde ich mir meiner spirituellen Mitte bewusst, so übt diese eine bewusste Anziehungskraft auf mich aus, meinen Fokus nach innen zu wenden, um die inneren Höhen und Tiefen zu erkunden. Die bis jetzt meist nach aussen gerichtete Sehnsucht, kann jetzt nach innen, zum „Selbst“ hin, gewandt werden und dort ihr Zuhause finden.

Die Persönlichkeit ist eingebettet in das unmittelbare persönliche Unbewusste (4), das das seit Kindheit Erlebte enthält.

Das unmittelbare Unbewusste wiederum ist im Unbewussten (5), das unter anderem das psychologische Erbe unserer Vorfahren, die Vergangenheitsstrukturen und auch die Entwicklungsmöglichkeiten für die Zukunft enthält, eingewoben.

Das menschliche Bewusstsein mit seinen verschiedenen Dimensionen des Bewussten und Unbewussten ist ein Fokuspunkt, der im Kollektiven Unbewussten (6) vernetzt ist. Im Kollektiven Unbewussten liegen unsere Ursprünge, unser kulturelles und religiöses, wie auch nationales Erbe, die Vergangenheitsstrukturen und auch die Entwicklungsmöglichkeiten für die Zukunft des Kollektivs.

DAS UNBEWUSSTE, DAS ERFAHRUNGSFELD DES „SELBST“

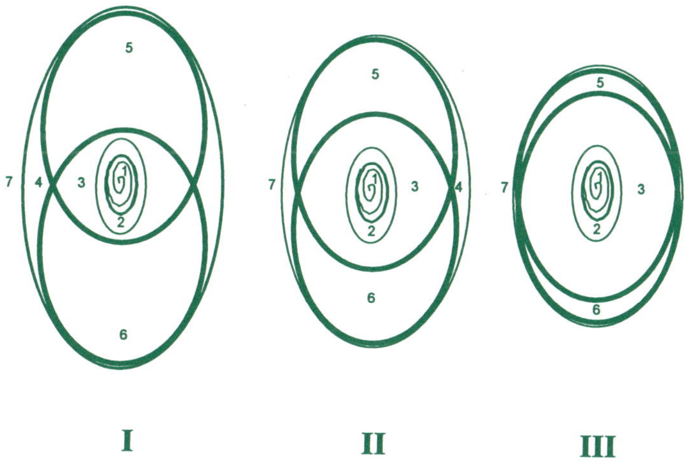

1. *Selbst und Lebensenergie*
2. *Persönlichkeit*
3. *Feld des Bewusstseins*
4. *Unmittelbares Unbewusstes*
5. *Überbewusstes*
6. *Unterbewusstes*
7. *Kollektives Unbewusstes*

Das Unbewusste, in diesem Diagramm des besseren Verständnisses wegen in das Unmittelbare Unbewusste (4), das

Über- (5) und das Unterbewusste (6) und ein Kollektives Unbewusstes (7) unterteilt, ist ein elektromagnetisches Energiefeld von verschiedenen Qualitäten und Inhalten, die in ständiger Interaktion miteinander stehen.

Dieses Energiefeld wird von der immanenten und transzendenten Lebensenergie (LiebeWille) des „Selbst“ energetisiert und getragen.

Das Unbewusste [hier Unmittelbares Unbewusstes (4), Überbewusstes (5), Unterbewusstes (6) und Kollektives Unbewusstes (7)] ist durch einen Schleier mit dem Feld des Bewusstseins (3) verbunden. Die Persönlichkeit (2) liegt im Feld des Bewusstseins (3) eingebettet.

Dieses Modell zeigt Form, Inhalt und potentielle Wachstumsqualität auf. Wenn ich davon ausgehe, dass Wachstum Evolution bedeutet, hiesse dies, dass die Schätze, die im Überbewussten und Unterbewussten verborgen liegen, darauf warten, bewusst gemacht zu werden, um Transformationsprozesse anzuregen, die eine Veränderung im elektromagnetischen Energiefeld der Psyche hervorrufen können und damit eine qualitative Veränderung im Leben.

Das „Auge des Selbst“ oder der Beobachter kann die verschiedenen Inhalte er- und beleuchten, sie so ins Bewusstsein und entsprechend in Einklang mit dem Fluss der Lebensenergie bringen. Ist das „Selbst“ mit seiner Lebensenergie „LiebeWille“ in der ganzen Psyche und darüber hinaus gegenwärtig, so müssten auch alle diese unbewussten Inhalte dem „Auge des Selbst“ zugänglich sein, wenn es den Fokus darauf richtet.

Das Unbewusste ist das Lernfeld des „Selbst“, das die Persönlichkeit und Psyche als Ganzes verändert und damit in eine qualitativ andere Schwingungsfrequenz bringt.

Das Unbewusste wird als zwei verschiedene Felder unterschiedlicher elektromagnetischer Schwingungsfrequenz dargestellt, das Überbewusste und das Unterbewusste.

Wie im ersten Modell bilden das „Selbst“(1), das mit der Lebensenergie „LiebeWille“ untrennbar verbunden ist, die spirituelle Vortex, den Wirbel, um den sich die Persönlichkeit (2) konstelliert. Die Persönlichkeit ist in das Feld des Bewusstseins eingebettet. Hier geschieht, was bewusst oder sichtbar ist und von der Persönlichkeit wahrgenommen werden kann.

Der unter dem Wasser liegende Teil des Eisberges, mit seinen durch mein genaues Hinschauen noch erkennbaren Strukturen, wäre die Parallele zum Unmittelbaren Unbewussten (4). Die Inhalte liegen nahe am Feld des Bewusstseins und sind relativ leicht zugänglich. Zum Beispiel der Geburtstag von Tante Klara im letzten Jahr. Ich muss schon etwas überlegen, um mich daran zu erinnern und mir dies ins Bewusstsein zurückzurufen. Es scheint, dass, je länger Ereignisse, Vorfälle oder die Formierung einer psychodynamischen Struktur in der Zeit zurückliegen, sie desto tiefer ins Unmittelbare Unbewusste einsinken. Der Missbrauch eines Kindes zum Beispiel liegt oft tief im Unbewussten verdeckt und ist der bewussten Erinnerung nicht zugängig.

Da das Unterbewusste und das Überbewusste elektromagnetische Energiefelder sind, in denen die Persönlichkeit verankert liegt, muss der Inhalt dieser Energiefelder auch der Persönlichkeit zugänglich sein.

Das Unterbewusste enthält die Weisheiten unseres evolutionären Bewusstseins (vom Urknall über die Formation eines Planeten, die erste Zelle, Zellteilung, die erste Amöbe, die Koralle, den Überlebenskampf des Tieres, bis hin zum Menschen), das individuelle psychologische Erbe einer Rasse, Kultur, Religion und unserer Familienvorfahren.

Das Unterbewusste hat einen komplementären Teil: das Überbewusste (5). Im Überbewussten liegen die Qualitäten des

Altruismus, der humanitären Handlungen, und gleichzeitig der Zugang zu einer anderen Schwingungsqualität, einer verfeinerten Lebensqualität, Bewusstseinserweiterung, in der die zukünftigen Möglichkeiten der menschlichen evolutionären Entwicklung potentiell vorhanden sind.

Wird ein Trauma der Vergangenheit und sein Einfluss auf unser heutiges Verhalten im Unterbewussten erleuchtet, bewusst gemacht, liebevoll angenommen und transformiert, so wird automatisch das Potential der entsprechenden Zukunftsrichtung im Überbewussten aktiviert.

Wird durch ein tiefes bewusstseinserweiterndes Erlebnis im Bereich des Überbewussten ein Kontakt mit dem möglichen Potential gemacht, werden automatisch die entsprechenden Inhalte, die die Verwirklichung dieses Potentials verhindern, im Unterbewussten wachgerufen.

Beide, die Qualitäten des Überbewussten und des Unterbewussten, sind potentiell vorhanden und können, wenn vom „Selbst" erforscht, bewusst gemacht und im Erfahrungsbereich der Persönlichkeit integriert werden.

Mit anderen Worten, wenn das „Selbst" nicht beides, das Unter- und das Überbewusste erleuchten und in seinen Erfahrungsbereich einbeziehen kann, ist eine integrierte Lebensqualität, die im **Hier und Jetzt** stattfindet und aus dem Wachstumspotential beider Felder besteht, nicht zu leben.

Das „Selbst", durch sein „Auge", erkennt, transformiert und integriert durch seine spirituelle Schwerkraft die Inhalte beider Felder in den bewussten Ausdruck im täglichen Leben durch Körper, Emotionen und Gedanken (II).

Das Feld des Bewusstseins, in dem sich die Lebensenergie im Einklang mit der spirituellen Quelle im Alltag ausdrücken kann, dehnt sich aus und wird umfassender. Das heisst nicht, dass ich mir jederzeit aller Inhalte bewusst bin. Es bedeutet einfach, dass je nach Fokus das „Auge des Selbst" den gewählten Inhalt erleuchtet (III).

Damit wird der Schleier, der uns mit dem Unterbewussten und dem Überbewussten verbindet, durchlässiger.

Es geht nicht darum, von den Qualitäten des Unterbewussten in die Schwingungen des Überbewussten zu gelangen, sondern die Wachstumsmöglichkeiten, die ihre Inhalte bieten, im **Hier und Jetzt** zu integrieren und zu leben.

Das Leben in der Gegenwart, in der Energie des „Selbst", erlaubt den Zugang zu den psychodynamischen Strukturen der Vergangenheit, die gleichzeitig die Zukunft vorherbestimmen. In der Praxis: die psychotherapeutische Arbeit, ein verletztes „Inneres Kind" zu heilen, heilt die alte Wunde und verändert dadurch die psychodynamische Struktur, was wiederum einen Effekt auf das System der Psyche als Ganzes hat. Diese innere Veränderung eröffnet andere, neue Zukunftsperspektiven. Mehr Lebensenergie kann durch diese neue psychodynamische Struktur fliessen, eine traumatische Vergangenheit kann bewusst transformiert und damit automatisch andere Zukunftsmöglichkeiten aktiviert werden. Beide Bereiche oder Felder, das Unter- und das Überbewusste, komplementieren sich und werden von der Mitte und Gegenwart her als Lernfelder genutzt. Sie enthalten (verschleiert) die unbegrenzten Möglichkeiten unseres Evolutionspotentials, die darauf warten, geweckt zu werden. Diese unbegrenzten Möglichkeiten können vom „Selbst" bewusst wahrgenommen und ihre Entwicklungs- und Wachstumsrichtung mitbestimmt werden. Diese Wachstumsrichtung ist die qualitative Verfeinerung der Persönlichkeit, ein „im Einklang mit dem „Selbst" sein". Die Lebensrichtung (Lebensqualität) wird durch Bewusstwerdung des „Selbst" mitbestimmt. In diesem Sinne bedeutet ein „im Einklang mit dem „Selbst" sein", die Intensität und Qualität des Momentes voll und ganz zu leben.

DANKSAGUNG

Mein herzlicher Dank gilt allen meinen Klienten und Klientinnen sowie AusbildungsteilnehmerInnen der letzten Jahre, die es mir ermöglicht haben, die Tiefen und Höhen der Teilpersönlichkeitsarbeit zu erkunden, neue Techniken und Methoden anzuwenden und mich mit Feedback zu versorgen.

BEMERKUNGEN ZU DEN ÜBUNGEN

Mein Rollenspiel

Eine Kombination aus verschiedenen Schulen von Margret Rueffler. Die Beispiele für diese Übung sind von TeilnehmerInnen der Ausbildung in Körper/Psychosynthese im ersten Jahr.

Einer Teilpersönlichkeit nachspüren

Basiert auf einer Psychosyntheseübung von Molly Brown.

Meine Inneren Schauspieler kennenlernen

Übung aus der Ausbildungszeit von Margret Rueffler am Psychosynthese Institut in New York, USA.

Die Mitte und meine Teile

Abänderung der Übung von Heidi Sloan, Synthesis 3-4.

Der Tempel der Stille

Eine Abänderung der Übung von Tom Yeomans.

Dialog mit Teilpersönlichkeiten

Die Beispiele sind von TeilnehmerInnen einer Ausbildungsgruppe in Körper/Psychosynthese.

Ver-rückte Qualitäten erkennen

Übung von Margret Rueffler entwickelt. Die Beispiele sind von TeilnehmerInnen einer Ausbildungsgruppe in Körper/Psychosynthese im ersten Jahr.

Entwicklungsstufen und Teilpersönlichkeitsarbeit, Autistische Phase und Praktizierende Phase

Übung von Margret Rueffler entwickelt. Die Beispiele sind von AusbildungsteilnehmerInnen in transpersonaler Psychologie und Beratung im zweiten Ausbildungsjahr.

Psychologisches Erbe und Ermächtigung

Fallbeispiel aus der privaten Praxis von Margret Rueffler.

Nationales Trauma

Übungen von Margret Rueffler entwickelt. Die Beispiele sind von SeminarteilnehmerInnen in Berlin im ersten Ausbildungsjahr der Körper/Psychosynthese.

BIBLIOGRAPHIE

Assagioli, R., 1988, Psychosynthese, *Prinzipien, Methoden und Techniken*, Adliswil, Astrologisch-Psychologisches Institut

Assagioli, R., 1987, *Die Schulung des Willens*, Paderborn, Junfermann-Verlag

Assagioli, R., 1974, *Bio-Psychosynthesis*, Human Dimensions, 3

Byrom, T., 1976, *The Dhammapada: The Sayings of the Buddha*, New York, Vintage, p. 98

Capra, F., 1988, *Emerging Paradigms, a shift from the parts to the whole*, Journal Institute of Noetic Sciences)

Clark, F.V., 1974, *Rediscovering Transpersonal Education*, Journal Transpersonal Psychology

Ferrucci, P., 1994, *Werde was du bist*, Reinbek bei Hamburg, Rowohlt Taschenbuch Verlag

Firman, J., 1991, *„I" and Self, Re-visioning Psychosynthesis*, Palo Alto, CA, Psychosynthesis

Firman, J., Russell, A., 1994, *Was ist Psychosynthese?*, PsychoPolitical Peace Institut Presse, Stäfa, Schweiz

Fragen, R., Fall, 1979, *What is transpersonal psychology?*, Association for Transpersonal Psychology Newsletter

Grof, S., 1987, *Spirituality, Addiction and Western Science*, Journal Revision, Fall

Hardy, J., 1987, *A Psychology with a Soul*, London and New York, Routledge and Kegan

Jung, C. G., 1988, *Die Entwicklung der Persönlichkeit*, Olten, Walter Verlag

Keen, S., 1974, *The Golden Mean of Roberto Assagioli*, Journal Psychology Today, December

Macy, J., 1991, *Mutual Causality in Buddhism and General Systems Theory,* State University of New York Press

Macy, J., 1991, *World as Lover, World as Self*, Berkeley, Ca, Paralax Press
Mahler, M.,1991, *Psychological Birth of the Human Infant: Symbiosis and Individuation*, Maris Field Library, London
Maslow, A. H., 1981, *Motivation und Persönlichkeit*, Berlin, Rowohlt
Meriam, Ch., 1994, *Digging Up the Past, Object Relations and Subpersonalities*, Palo Alto, Ca, Psychosynthesis
Rainwater, J., 1993, *Therapie in eigener Verantwortung*, München, Irisiana Verlag
Rinpoche, S., 1993, *Das Tibetische Buch vom Leben und Sterben*, Barth Verlag
Rowan, J., 1990, *Subpersonalities, The People Inside Us*, London and New York, Routledge
Satir, V., 1988, *Meine vielen Gesichter*, München, Kösel Verlag
Sliker, G., 1992, *Multiple Mind, Healing the Split in Psyche and World*, Boston, Shambala
Stone, H., Winkelman, S., 1985, *Embracing Our Selves*, P.O.Box 550, Marina del Rey, Ca 90294, Devors & Co
Vaughan, F.,1988, *Transpersonal Psychology*, Journal Institute of Noetic Sciences
Wilber, K., 1987, *Das Spektrum des Bewußtseins*, Bern, München, Wien, Scherz Verlag
Wilber, K., 1991, Vorwort in *J. E. Nelson Healing the Split, Madness or Transcendence? A New Understanding of the Crisis and Treatment of the Mentally Ill*, Los Angeles, J. P. Tarcher
Wilber, K., Engler, J., Brown, D. P., 1988, *Psychologie der Befreiung*, Bern, München, Wien, Scherz Verlag
Yeomans, T., 1988, *Leadership Seminar*, Concord, Massachusetts

Zur Autorin: Dr. Margret Rueffler ist Transpersonale Psychologin und Psychosynthese Psychotherapeutin und bildet Menschen, die bereits in heilenden, helfenden und leitenden Berufen tätig sind, auf internationaler Ebene weiter aus. Sie ist Gründerin des PsychoPolitical Peace Institute in New York, USA, und Stäfa, Schweiz.

Bereits von ihr erschienen ist 1993, PPPI Presse, *Lebendige Wellen Deines Seins*, eine Einführung in die Körper/Psychosynthese, eine vierteilige Tonbandserie mit begleitend geführten Tagebüchern.

1995, PPPI Presse, *Unsere Rollenspiele,* Teilpersönlichkeitsarbeit in der Psychosynthese, Theorie und Praxis.

Es erscheint im Frühjahr 1998, im Via Nova Verlag, *Durchs Herz zur Seele*, vom alten Paradigma ins Neue.

In Vorbereitung, *Psychologie der Nationen.*

PPPI

Gehrenhof CH-8712 Stäfa, Switzerland

tel +41 (0)1 926 8182 fax +41 (0)1 926 8110

e-mail: 106774.1765@compuserve.com

http://www.dragonfire.net/~pppi/

ISBN 3-9521260-1-2

ÜBER DAS PSYCHOPOLITICAL PEACE INSTITUT

Das **PsychoPolitical Peace Institut** (PPPI) wurde 1989 in New York und 1991 in der Schweiz von Dr. Margret Rueffler gegründet. Der Name stammt aus dem griechischen „Psyche“ Seele und „Politae“ Handlung. Gemeinsam ergeben sie Sinn und Zweck dieser international tätigen Organisation. Durch Bildung, Forschung, Entwicklung, Veröffentlichungen und konkretes Umsetzen in Aktionsprojekte versuchen wir, in der jetzigen Zeit eines evolutionären Paradigmenwechsels einen Beitrag zu leisten, um individuelle, organisatorische, gesellschaftliche und kollektive Werte zu beeinflussen und zu verändern:

TRANSPERSONALE PSYCHOLOGIE

Körper/Psychosynthese
Einjährige Selbsterfahrung

Transpersonale Psychosoziale Beratung
Zweijährige Weiterbildung für Menschen in lehrenden und leitenden Berufen

Transpersonale Psychologie und Begleitung
Zweijährige Weiterbildung
für Menschen in heilenden und helfenden und seelsorgerischen Berufen

Transpersonale Psychotherapie
Zweijährige weiterführende Fortbildung für Transpersonale Psychologie und Begleitung

TherapeutInnen Netzwerk
Seminare und Netzwerke für qualifizierte praktizierende TherapeutInnen

FÜHRUNGSKRÄFTE UND MANAGEMENT

Corporate Transformation Coaching
Zyklus von Seminaren für Führungskräfte in Wirtschaft und Industrie

Coaching für Führungskräfte
Sachebene und Beziehungsebene in Unternehmen

PSYCHOPLITICAL PEACE INSTITUT PRESSE

Veröffentlichungen
Bücher, Artikel und Berichte, Video- und Tonbandkassetten

UNSERE FORSCHUNGSABTEILUNG

Psychologie der Nationen
Grundlegende Theorie durch Erfahrungslernen

Auf Anfrage senden wir gerne ausführliche Broschüren und Unterlagen über unsere einzelnen Programme, Aktivitäten und Projekte.

PPPI, Gehrenhof CH-8712 Stäfa, Switzerland
tel +41 (0)1 926 8182 fax +41 (0)1 926 8110 e-mail 106774.1765@compuserve.com
http://www.dragonfire.net/~pppi/